Klaus Huhn/Peter Frischbier

Was ein Yankee über Saalfeld/DDR weiß

Über den Versuch eines US-Politologen, den Ostdeutschen zu erklären, wie sie in der DDR lebten

spotless erscheint im Verlag Das Neue Berlin
Redaktion: Frank Schumann

Bezug im Abonnement: 12 Ausgaben im Jahr
Jahresabonnement Inland 59,50 Euro
Europa 74,50 Euro, Welt 84,50 Euro
Einzelausgabe: 5,95 Euro

ISBN 978-3-360-02056-7

© 2011 spotless im Verlag Das Neue Berlin, Berlin
Umschlaggestaltung/Satz: edition ost
Cover-Foto: © Robert Allertz, Wanderdüne an der Ostseeküste bei Leba tötet den Wald
Illustrationen: Archiv edition ost
Druck und Bindung: CPI Moravia Books GmbH

Ein Verlagsverzeichnis schicken wir Ihnen gern:
Das Neue Berlin Verlagsgesellschaft mbH
Neue Grünstr. 18, 10179 Berlin
Fax 01805/35 35 42
Tel. 01805/30 99 99 (0,14 Euro/Min., Mobil max. 0,42 Euro/Min.)

Die Bücher von spotless und des Verlages Das Neue Berlin erscheinen in der Eulenspiegel Verlagsgruppe.

www.edition-ost.de

Inhalt

Nächtliche Kletterpartie	5
Propaganda zum Schnäppchenpreis	11
Blick in die Geschichte	15
Die Yankees räumen ab	18
Das Wunder und das Wasser	22
Nach sechzig Jahren gefeiert	27
Wie man einen Streik erfindet	35
Prügelei um eine »Willige«	42
Auf zum 17. Juni!	46
Schlagwörter an die Front	52
Freie Wahlen in der Gewerkschaft	58
Hatte der Westen gewonnen?	64
»Als Westler war ich richtig baff«	71
Der Chefredakteur antwortet nicht	74
»Selbst Ostdeutsche sind überrascht«	77
Und was sagten die Saalfelder?	79
»Es gab viel Widerspruch«	90
Fazit	92

Gaudeamus igitur
iuvenes dum sumus:
post iucundam iuventutem,
post molestam senectutem,
nos habebit humus!

Lasst uns, weil wir jung noch sind,
Uns des Lebens freuen!
Denn wir kommen doch geschwind
Wie ein Pfeil durch Luft und Wind
Zu der Toten Reihen.

Deutsche Nachdichtung, 1795

Nächtliche Kletterpartie

Die Bilder waren scharf und klar, als hätte sich alles vor einer halben Stunde erst zugetragen: Ich hatte mich aus dem Fenster geseilt, Gustl signalisierte von der anderen Dachseite, dass die Höhe stimmte. Die Nacht war stockfinster und schien lautlos. Dabei wussten wir, dass die ganze Klasse schweigend vor dem Portal lauerte und zu uns hinaufstarrte.

Ich zog den Strick an und knüpfte ihn um eine steinerne Frauenfigur gleich unter dem Dach. Ich war gerade 15 geworden war und grinste in die Nacht, als ich mit der Hand über die steinernen Brüste fuhr, um das Seil zu verknoten. Gustl hob den Arm, von unten rief jemand »Ja!«. Ich schlich auf dem Mauervorsprung zurück und zog mich ins Fenster. Als ich wieder inmitten der anderen stand und hinaufsah, las ich die weithin leuchtenden schneeweißen Buchstaben, die wir an den Strick geknüpft hatten: GAUDEAMUS IGITUR.

Ich war der Held dieser Nacht!

Das hatte sich 1943 in Saalfeld ereignet. In Europa tobte Krieg. Wir 15-Jährigen hatten an jenem Tag gegen Mittag vom Lehrer die »Einberufungen« erhalten. Der Weg an die Front war für uns nicht weit: Der Zug, der gegen 9 Uhr in Saalfeld losfuhr, brauchte – wenn ich mich recht erinnere – 51 Minuten bis Jena.

Wir hatten uns zu dem nächtlichen Abenteuer entschlossen, weil wir wussten, dass sich nun unser Leben grundlegend ändern würde. Statt derber Späße, die wir mit den Lehrern getrieben hatten, erwarteten uns von nun an die Kommandos spaßloser Offiziere. Die Mädchen unserer Klasse, sonst gern »Rühr-mich-nicht-an«-prüde, hatten zum Abschied Zungenküsse versprochen, aber das war uns nicht »Ereignis« genug gewesen – wir wollten, dass ganz Saalfeld von unserem Aufbruch Kenntnis nahm.

Deshalb hockten wir den ganzen Nachmittag in einer Ecke der Turnhalle und schmiedeten einen Plan. Wir wollten Aufsehen erregen, wollten, dass sich die Stadt über uns die Mäuler zerriss. Alle sollten wissen: Wir ziehen in den Krieg! Bis dahin waren das für uns Abende, an denen wir mit den Eltern unter die Erde flohen, wenn die Sirenen ihre schockierenden Heullieder anstimmten. In flache Keller, die kaum Schutz vor Bomben boten, aber das Gefühl vermitteln sollten, man wäre an sichererem Ort. Von nun an würden wir Uniformen tragen, marschieren, uns nach gebrüllten Kommandos hinwerfen, vor allem aber riesige Geschütze bedienen, mit denen wir bombenbeladene Flugzeuge abschießen sollten. Ältere Leser werden sich ähnlicher Stunden erinnern.

Ich weiß nicht mehr, wer die Idee mit dem Spruchband hatte, wir fanden sie jedenfalls großartig. Weil sie so zynisch war, ohne dass uns jemand Zynismus vorwerfen konnte, und manchen Saalfelder – hofften wir – vielleicht nachdenklich stimmen würde, dass 15-Jährige mit einer lateinischen Losung in den Krieg zogen.

Noch zur Erklärung für alle, die nie in Saalfeld waren: Am 16. April 1885 war das Herzogliche Realgymnasium in das damals neue Gebäude an der Sonneberger Straße gezogen, das zunächst den Namen Otto-Ludwig-Oberschule trug. 2005, als man das 120-jährige Jubiläum feierte, modifizierte man den Namen: Heinrich-Böll-Gymnasium im Otto-Ludwig-Haus.

Seinerzeit stand in massigen marmornen Lettern über dem Portal »Ex Labore Fructus«, was aus dem Lateinischen etwa mit »Die Früchte der Arbeit« zu übersetzen wäre. Ich schreibe »etwa«, weil mein Latein-Unterricht bei Lehrer Sauermann sechs Jahrzehnte zurückliegt und ich bei ihm nie auf einem vorderen Rang lag.

Bei der Eröffnung der Schule 1885 soll der Festredner auf das Motto zielend versichert haben, dass dem »Menschen ohne Mühe und Anstrengung keine Frucht in den Schoß fällt«.

Seit man diese Buchstaben eingemeißelt hatte, waren also fast etliche Jahrzehnte vergangen, aber als sie einer an jenem Nachmittag anno 1943 zitierte, waren wir uns einig, dass wir nun nicht mehr mit »Mühen« und »Früchten« konfrontiert sein würden, sondern mit Granaten und Todesgefahr. Ich gestehe: Niemand hätte damals den Mut gehabt, etwa ein Transparent gegen den Krieg übers Schulportal zu hängen – es sprach auch keiner über Konzentrationslager, obwohl alle wussten, dass sie existierten. Deshalb galt es eine Alternative zu finden, um zu protestieren, ohne die SA oder andere Staatsterroristen auf den Plan zu rufen.

Deshalb erschien uns die Idee genial, über das »Ex Labore Fructus« die Worte »Gaudeamus igitur« zu spannen. Die Spitzenlateiner der Klasse bestätigten die Übersetzung: »Deshalb lasst uns fröhlich sein!«

Unsere Absicht schien gebührend getarnt: Die Stadt sollte erfahren, dass wir in den Krieg zogen – und jeder wusste, dass wir das nicht fröhlich tun würden.

Einer hatte sogar herausgefunden, dass die Zeile aus einem lateinischen Lied stamme: »Lasst uns, weil wir jung noch sind, uns des Lebens freuen! Denn wir kommen doch geschwind wie ein Pfeil durch Luft und Wind zu der Toten Reihen.«

Es machte uns sicher: Das war die Lösung! Schluss mit der Freude am Leben hin zum Grab. Keiner konnte uns defätistische Aufstandsideen vorwerfen, und wer im lateinischen Bild war, erahnte unsere Mahnung: Heute noch mal fröhlich, denn schon morgen kann das Leben zu Ende sein!

Man hatte Gustl und mich ausgewählt, das Buchstabenseil aufzuspannen. Wir stiegen ins oberste Stockwerk und kletterten dann aufs Dach. Das Buchstabenband passte genau: »Gaudeamus igitur« verdeckte

Das Saalfelder Gymnasium heute

nunmehr »Ex Labore Fructus«. Wir zogen anschließend lärmend in eine Gaststätte und machten eine Zeche, die den Wirt strahlen ließ.

Am nächsten Morgen stiegen wir in den Zug nach Jena, und eine Woche später erzählten uns die Mädchen – so weit ich mich erinnere, unter Verzicht auf die Zungenküsse (Weiber!) – bei einem Besuch, welch Aufsehen unsere Aktion erregt hatte. Sie hatte sich schon morgens herumgesprochen, die Saalfelder waren in Scharen die Sonneberger Straße hinaufgezogen, der Rektor hatte einen halben Tag lang getobt, die Lehrer ihm nachgeeifert und der Hausmeister sich geweigert, aufs Dach zu steigen, um unsere Losung zu entfernen. Viele der »Spaziergänger« hatten sich zwar übersetzen lassen müssen, was »gaudeamus igitur« hieß, mancher mag auch gegrübelt haben, welcher Sinn sich dahinter verbarg und was damit gemeint sein könnte. Es kam zu umfangreichem Nachhilfeunterricht in Latein auf der Straße.

Wir trugen da längst Uniformen, hatten schmale Spinde eingeräumt, kontrolliert von einem bulligen Feldwebel, dem es Vergnügen bereitete, die mühsam zusammengelegten Hemden wieder herauszureißen, weil die »Kanten« angeblich nicht übereinander lagen.

Doch störten uns diese Schikanen weit weniger als die nächtlichen Angriffe, zu denen uns die Alarmsirenen aus den Betten an die alten russischen Flakgeschütze trieben. Die Rohre waren von Kaliber 8,5 cm auf 8,8 cm aufgebohrt worden, damit die deutsche Munition durchging, doch das führte dazu, dass die nach dem dritten Schuss nahezu glühten. Die Nacht für Nacht am nächtlichen Himmel in Staffelformation anfliegenden Geschwader

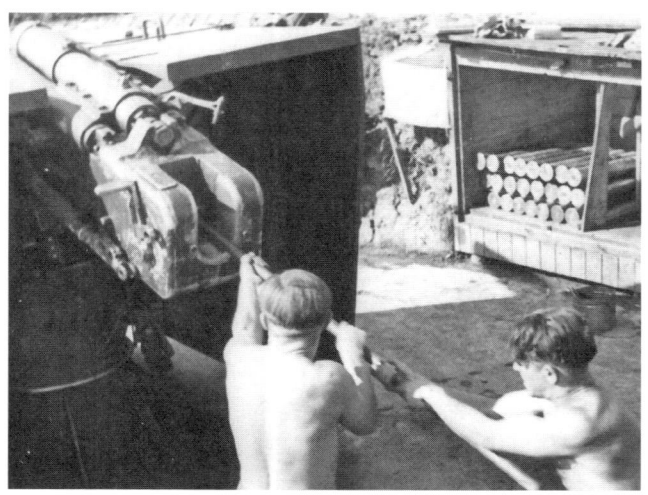

Flakhelfer beim Geschützreinigen

der US und der Royal Air Force nahmen die Zeiss-Werke ins Ziel und flogen so hoch, dass die von uns abgefeuerten Granaten meist schon auf halbem Weg detonierten.

Propaganda zum Schnäppchenpreis

Unser Oberschüler-Streich kam mir in Erinnerung, als ich 2010 im Rundfunk per Zufall vernahm, dass sich ein Professor aus den USA von Detroit nach Saalfeld aufgemacht hatte, um der Stadt ein politisches Anti-DDR-Denkmal zu setzen, denn er habe vor Ort erforscht, wie es möglich gewesen sei, dass die DDR – nach seiner Ansicht absolut »lebensuntüchtig« – dennoch 40 Jahre existieren konnte. Er hielt, wie ich vernahm, das fast für ein Weltwunder: aussichtslos im Rennen und doch vier Jahrzehnte überstanden. Länger als Weimarer Republik und Nazireich zusammen, wie er erläuterte.

Im Grunde bekundete er einmal mehr: Alle Welt verteufelt die DDR, wundert sich aber pausenlos über sie.

Offen gestanden: In dem Augenblick, da der Sprecher die Sendung ankündigte, warf ich einen prüfenden Blick auf den Kalender. Der zeigte den 10. September 2010. Da meine Skepsis noch immer nicht begraben war, kontrollierte ich die Rundfunk-Programmankündigung in einer Tageszeitung und las: »Conrad Lay rezensiert ein aufsehenerregendes Buch – Kaufpreis 29,90 Euro – Titel: ›Die rätselhafte Stabilität der DDR‹«.

Ich hatte die Lautstärke hochgedreht und war nun endgültig sicher: Die Rede war von meinem Saalfeld!

Da die Geschichte aus der Feder eines US-Amerikaners stammte, erinnerte sie unwillkürlich an eine Hemingway-Story oder gar eine von Mark Twain: Ein Yankee – Name: Andrew I. Port – hatte sich aufgemacht, um der Welt ein fernes Wunder zu erklären: die rätselhafte Stabilität der DDR. Den im New Yorker Stadtteil Brooklyn Geborenen und nun in Detroit als Professor Lehrenden hatte dieses Mysterium lange beschäftigt, ohne jedoch eine Antwort zu finden. Er hielt dieses Rätsel für historisch so belangvoll, dass er sich auf den Weg über den Großen Teich gemacht hatte und schließlich in Saalfeld gelandet war.

Erst als ich ganz sicher war, keiner Mathias-Wedel-Gaudi-Story – Standardtitel »Was wäre wenn?« – auf den Leim gegangen zu sein, entschloss ich mich, mit eigenen Recherchen den Spuren des Amis zu folgen.

Waren der DDR nicht schon so viele unverzeihliche Fehler angelastet worden, dass da kaum noch Raum für ein Rätsel geblieben war? Wo beginnen?

Jeder, der die DDR nicht nur vom Hörensagen kannte, hätte dem Professor mitteilen können, dass er im Alphabet nicht bis zu »S« wie Saalfeld hätte spüren müssen, um sich über die ihm so rätselhafte Stabilität der DDR zu informieren. Er hätte bei »A« wie Ahlbeck – das ursprünglich sogar mal Aalbach hieß – beginnen können, wo 1950 der FDGB-Feriendienst eine Zentrale eröffnet hatte. Er hätte – um auch ein Alfabet-Ende zu markieren – bis »Z« vordringen können, zum Beispiel bis Zschopau. Dort stand 1989 immerhin das größte Motorradwerk der Welt, das allerdings 1991 Konkurs anmelden musste und 2008 endgültig zugeriegelt wurde.

Um den Leser nicht mit Vorbemerkungen zu ermüden, zur »Einführung« ein erstes Zitat von Prof. Andrew I. Port: »Ich finde, dass wir inzwischen den Begriff ›totalitär‹ in Bezug auf die DDR wirklich ad acta legen können. Dieser Begriff greift nicht. Die Ansprüche der SED, dieses Staates waren natürlich total, die wollten die Menschen, soweit sie können, total kontrollieren, aber wie die Wirklichkeit aussah, war wirklich ganz anders. Insofern, ›totalitär‹ ist nicht der passende Begriff.‹«

Mir blieb die Luft weg.

Wir hätten nie in einem »totalitären« Staat gelebt, attestierte uns einer aus Übersee. Stand die Welt auf dem Kopf?

Argwöhnisch blätterte ich in seinem Buch, das ich mir zwischenzeitlich besorgt hatte, fand die Herausgeberzeile »Bundeszentrale für politische Bildung« auf dem Rücktitel und damit jene Instanz, die aus einem gut dotierten Regierungsfonds finanziert wird, um die »Wahrheit« über die DDR »aufzuarbeiten«.

Es verunsicherte mich aber auch, denn: Kompanien von Wissenschaftlern waren exzellent honoriert und mit Orden dekoriert worden, weil sie nachgewiesen haben wollten, dass die DDR einer der ärgsten aller »Unrechtsstaaten« gewesen sei, die jemals existierten. Täglich strahlte mindestens eine Fernsehstation ein Schauermärchen über die DDR aus, und dann kam ein Yankee des Weges und verkündete gegen alle wissenschaftlich untersetzen Erkenntnisse: »›Totalitär‹ war für die DDR doch nicht der passende Begriff!«

Ich setzte Freunde ins Bild. Die gaben zu bedenken, dass damit die Bundeszentrale Gefahr liefe, sogar den Bundespräsidenten Christian Wulff zu verprellen. Der hatte erst am 4. Juli 2011 eine Veranstaltungsreihe eröffnet, die endlich und unwiderruflich letzte Zweifel über die DDR beseitigen sollte, und keine Hemmungen gehabt, in aller Öffentlichkeit zu beklagen: »Die Frage ist, ob der menschenverachtende Charakter des Regimes im öffentlichen Bewusstsein noch ausreichend verankert ist. Ich fürchte, nein. Es ist vielmehr erschreckend, wie verklärend viele heute auf die DDR zurückschauen, wie viele die Geschichte simplifizieren.«

Die so extrem unterschiedlichen Ansichten des BRD-Bundespräsidenten und des US-Professors konnten zum Skandal führen. Zugegeben, keine so immensen, bei dem der US-Botschafter »einbestellt« werden müsste, aber immerhin: Viele erinnerten sich massiver Kritik wegen der Gratulation zum 85. Geburtstag Fidel Castros, die höheren Orts als grober Fauxpas gerügt worden war. Und US-Amerikaner widersprechen nicht dem Bundespräsidenten!

Und nun solche Bekanntmachung aus meinem Saalfeld! Welch Segen, dass meine angeheirateten Großeltern längst der grüne Rasen deckte – sie hatten in der Stadt einen renommierten Schuhladen betrieben und galten als angesehene Bürger.

Jeder wird einsehen: Mir blieb keine Wahl! Ich musste mich mit meinen 84 Jahren auf den Weg nach Saalfeld machen und in Akten stürzen. Ein sanfter Trost: Ganz im Hintergrund leuchtete einer »Biene« unwiderstehliches Lachen, also jenes Mädchens, das mir einst ewige Liebe geschworen hatte. Ich spielte mit dem Gedanken, nebenbei auch nach ihr zu fragen.

Blick in die Geschichte

Jeder weiß: Vieles hat sich seit meinem Abenteuer mit »Gaudeamus igitur« verändert. Schon lange wird dem Zug nach München in Saalfeld keine zweite Lokomotive für die Strecke durch den Thüringer Wald vorgespannt. Dafür macht alle zwei Stunden – meist mit intakter Klimaanlage – der ICE nach Nürnberg in Saalfeld Station.

Saalfeld ist vor allem wegen der Feengrotten bekannt. Doch die Geschichte der Stadt an der Saale begann Jahrhunderte vor Eröffnung der Tropfsteinhöhle. Sie ist im Jahre 899 erstmals urkundlich erwähnt worden und damit eine der ältesten Gründungen Ostthüringens. Damals wurden Siedlungen verschenkt. Kaiser Heinrich II. zum Beispiel schenkte Saalfeld und Umgebung im Jahr 1012 dem Pfalzgrafen Ezzo von Lothringen, dessen Tochter Richeza sie 1056 großzügig an das Erzbistum Köln weiterreichte. Der Kölner Erzbischof Anno II. gründete ein Benediktinerkloster, und so wurde Saalfeld bald zu einem kirchlichen Machtzentrum Ost-Thüringens. 1208 gelangte der Ort wieder in Reichsbesitz und erhielt als vierter Ort Thüringens das Stadtrecht.

Die Wirtschaft wurde ab dem 13. Jahrhundert durch die Saaleflößerei geprägt, und bald darauf begann der Bergbau zu dominieren. Nachdem der Stadt 1346 das Recht zugesprochen worden war, in der Saale auch zu fischen – die beiden Barben im Stadtwappen erinnern bis heute daran – wuchs die Wirtschaft weiter, versichern die Chronisten.

1517 zerstörte ein Brand viele Häuser. Der Wiederaufbau gab der Stadt ihr heutiges, durch Renaissancebauten beherrschtes Bild. In jener Zeit entstanden das Rathaus (1529 bis 1537), die Münze (1551) sowie viele Bürgerhäuser und später auch die Stadtapotheke (1617 bis 1620).

Die Notwendigkeit eines Residenzschlosses resultierte aus der 1680 erfolgten Erbteilung der Ernestiner, bei der das Herzogtum Sachsen-Saalfeld entstand, das nach vielen Wechseln an Sachsen-Coburg-Saalfeld geriet.

Unweit der Stadt fand am 10. Oktober 1806 ein Gefecht statt, das mit dem Sieg einer 14.000 französische Soldaten zählenden napoleonischen Armee über ein 9.000 Mann starkes preußisches Heer endete und in den meisten Geschichtsbüchern als Schlacht bei Jena und Auerstedt geführt wird.

Im 19. Jahrhundert begann die Industrialisierung, die vor allem nach der Inbetriebnahme der Bahnstrecke Leipzig-Gera-Saalfeld 1871 rapide zunahm. Saalfeld wurde zum Eisenbahnknoten zwischen Leipzig und Nürnberg. Eine Attraktion war die 1939 elektrifizierte, extrem steile Frankenwaldbahn, deren Fahrdraht – womit wir inzwischen in die »Port-Ära« vorgedrungen sind – die sowjetische Besatzungsmacht 1945 als Reparationsgut abtransportierte.

Die Industrialisierung im 19. Jahrhundert hatte als eine Folgeerscheinung des Bergbaus die Maxhütte in Unterwellenborn entstehen lassen, ein 1872 gegründetes Zweigwerk der Oberpfälzer Maxhütte.

Erst 1914 wurden die berühmten Feengrotten öffentlich zugänglich gemacht, deren Entstehung auf das 1530 am Rande der Stadt betriebene Schiefer-Bergwerk »Jeremias Glück« zurückzuführen war. 1850 war es stillgelegt und 1910 wieder »entdeckt« worden. In den sechzig Jahren hatten sich die Schächte in farbige Tropfsteinhöhlen verwandelt und wurden fortan zu einer von Besuchern aus aller Welt aufgesuchten Sehenswürdigkeit.

Am Morgen des 9. April 1945 zerstörten Bomber der US Air Force das energetische Netz der Maxhütte. Kurz darauf fielen rund 1.300 Bomben auch auf die Stadt. 208 Bürger kamen dabei ums Leben.

Am 13. April besetzten US-amerikanische Einheiten Saalfeld.

Die Yankees räumen ab

In der von Günter Gerdesius edierten mehrbändigen Chronik der Maxhütte – herausgegeben vom Geschichtsverein Maximilianshütte/Maxhütte Unterwellenborn e.V. – werden die vielfältigen Bemühungen um die Wiederinbetriebnahme der Maxhütte ausführlich geschildert, und wir können auf einige Auszüge nicht verzichten, schon weil Prof. Port sie weggelassen und damit dem Saalfeld-Bild erste Kratzer zugefügt hatte:

»Unmittelbar nach dem Einmarsch in Thüringen begann die amerikanische Militärkommandantur – entsprechend dem Abkommen der Siegermächte vom Februar 1945 in Jalta – Reparationen einzufordern. Wegen ihres zeitlich begrenzten Aufenthalts im später sowjetisch besetzten Gebiet befriedigten die Amerikaner ihre Ansprüche nicht durch Demontagen, sondern sie beschlagnahmten Roh- und Hilfsstoffe, Maschinen, Anlagen, Patente und Fertigungsunterlagen. Von der Maxhütte forderten sie die sofortige Bereitstellung von Elektroenergie und Wasser und die Lieferung von Stahlträgern für die Armee. Außerdem mussten Möbel für die Büros und Betten für die Unterkünfte des US-Kommandos in der Hütte gestellt werden.

Zwecks Inbetriebnahme der Maxhütte besichtigten wiederholt US-Offiziere das Werk. Die noch tätige (!) Gauwirtschaftskammer aus der Nazizeit wurde beauftragt, eine ausführliche Bestandsaufnahme im Betrieb durchzuführen. Danach lagerten im Werk Tausende Tonnen Rohstoffe an Koks, Erz und Schrott. Bestände an Fertigwaren aus Thomasstahl wie Schienen, verschiedener Formstahl, Brammen und Platinen sowie Knüppel als Vormaterial für das Presswerk waren ebenfalls vorhanden.

Werkdirektor Schulz legte am 14. Mai 1945 der amerikanischen Militärkommandantur einen Bericht über ›Die Möglichkeit der Produktionsaufnahme der Eisen- und Stahl-Werke Maxhütte Unterwellenborn‹ vor. Die Kriegsschäden könnten in vier bis sechs Wochen behoben werden. Mit den Vorräten an Rohstoffen könnte ein Hochofen in Betrieb genommen und soviel Stahl erblasen werden, dass 3.400 t Walzwerkserzeugnisse hergestellt werden könnten. Dazu aber müsste die Stromversorgung für zehn Stunden pro Tag gesichert sein und 2.500 kW Strom bereitgestellt werden. Außerdem wären 900 t Kohle für die Dampferzeugung im Betrieb notwendig. Für den Dauerbetrieb der Maxhütte waren dann aber größere Mengen Hochofenkoks, Kohle, Erze und Kalk heranzubringen. Die Gruben der Maxhütte in Kamsdorf und Schmiedefeld und das Kalkwerk Öpitz mussten wieder die Förderung aufnehmen. Noch lagen sie still aus Mangel an Elektroenergie, an Kohle und an Arbeitskräften. Schließlich mussten auch die zerstörten Brücken der Bahnlinien nach Unterwellenborn instandgesetzt werden.« In diesem Bericht blieb unerwähnt, dass die Anlagen der Maxhütte in hohem Maße reparaturbedürftig waren und dass der Gesamtbetrieb heruntergewirtschaftet und veraltet war.

»Das Oberkommando der amerikanischen Besatzungstruppen in Deutschland unterstützte die örtliche Initiative des Saalfelder US-Kommandanten, die Maxhütte wieder in Betrieb zu nehmen, nicht. Offensichtlich wollte man der bald einrückenden sowjetischen Besatzungsmacht keinen funktionierenden metallurgischen Großbetrieb überlassen. Noch am 13. Juni versuchte die örtliche Militärkommandantur vergeblich, eine Notfall-Zuteilung von festen Brennstoffen für die Maxhütte zu erreichen. Am 29. Juni berichtete die Werkleitung, dass fehlender Koks das Anblasen der Hochöfen verhindert habe.«

Dafür nahmen die US-Amerikaner »in mehr als 10.000 Waggons Beutegut aus Industrieanlagen, technische Dokumentationen und Edelmetalle mit in ihre Besatzungszone. Allein den Bahnhof Gotha passierten 65 Züge mit mehr als 3.000 Waggons Reparationsgut in Richtung Westen.« Was darauf schließen ließ, dass die im Kampf gegen Hitler vereint – sprich: alliiert – operierenden Verbündeten erste Abstriche an ihrer Gemeinsamkeit vornahmen und die ersten Keime des Kalten Krieges zu sprießen begannen. Womit belegt ist, dass Saalfeld – was in Jalta so nicht vorgesehen worden war – zweimal Reparationen leistete!

»Als die vier Besatzungsmächte am 5. Juni 1945 den Kontrollrat als oberste Regierungsgewalt für Deutschland bildeten, legten sie auch die endgültige Einhaltung der im Februar 1945 in Jalta beschlossenen vier Besatzungszonen fest. Tags darauf erfuhr dann die Thüringer Bevölkerung durch einen Artikel in der Zeitung *Hessische Post* – herausgegeben von der 12. Amerikanischen Armeegruppe –, dass nach Abzug der amerikanischen Truppen aus Gebieten in Mecklenburg, Sachsen-Anhalt, Thüringen und Sachsen dort die Rote Armee einziehen wird.«

Chronist Gerdesius schrieb: »Der Schlosser Wilhelm Stahl überlieferte uns seine erste Begegnung mit sowjetischen Soldaten. Er stand vor dem Werktor, als die Truppen am Betrieb vorbeizogen. Ein Rotarmist stieg von seinem Wagen und fragte, warum die Öfen nicht rauchten. Wilhelm Stahl antwortete, dass sowohl Koks als auch die Genehmigung zum Anblasen der Hochöfen fehlten. Der Soldat gab eine einfache Antwort: ›Kamerad, das ist nicht gut. Ofenrauchen ist Brot!‹

Es sollte zehn Monate dauern, bevor der erste Hochofen der Maxhütte wieder angeblasen wurde.«

Nachdem die US Army Saalfeld geräumt und die sowjetische Armee die Stadt besetzt hatte, litt die Maxhütte unter den begründeten Reparationsforderungen der Sowjetunion. Was abschraubbar oder mit Schneidbrenner zu zerlegen war, wurde in Richtung Osten verladen. Aber mit viel Elan hatte man, ungeachtet dieses Kriegsfolge-Kahlschlags, schon bald begonnen, die verbliebenen Reste in Betrieb zu nehmen. Nun aber zeigte sich, dass ein ewig ignoriertes Problem alle Bemühungen bremste. In der Maxhütten-Chronik gibt der dritte Band (S. 108ff) dazu Auskunft, was da im Argen lag. »Als im Dezember 1948 der Aufruf ›Max braucht Wasser‹ erging und sich unerwartet viele freiwillige Helfer zum Einsatz meldeten, war das Problem der Wasserversorgung des Werkes seit fast zwei Jahrzehnten ungelöst.«

Das Wunder und das Wasser

Am 17. Dezember 1948 hatte Fritz Selbmann als stellvertretender Leiter der Deutschen Wirtschaftskommission – de facto die Regierung in der Sowjetischen Besatzungszone – appelliert: »Aktivisten der Zone, die Maxhütte ruft zur freiwilligen Hilfe! Der Ruf der Maxhütte richtet sich an alle jungen Kräfte in der Wirtschaft, in den Schulen und Organisationen, sich zu diesem Sonderdienst an unserem Aufbau bereit zu halten. Wasser für die Maxhütte, das heißt Stahl für die Zone, das heißt Brot für unser Volk!«

Die Maxhütten-Chronik dazu: »Die Hochöfen sind der weitaus größte Wasserverbraucher eines metallurgischen Betriebes, der Verbrauch eines Hochofens entspricht dem einer mittleren Stadt. Zur Erzeugung einer Tonne Roheisen müssen etwa 13 m^3 Kühlwasser vorhanden sein. Im Schacht des Hochofens herrschen Temperaturen bis über 1.800 Grad Celsius. Zur Erhaltung der feuerfesten Ausmauerung muss der Ofenpanzer ständig mit Wasser gekühlt werden. [...] Der Wasserbedarf der Maxhütte wurde im wesentlichen aus Tiefbrunnen bzw. über den stillgelegten Hartmann-Schacht am Roten Berg abgesichert.

Bereits in den 30er Jahren trat hauptsächlich in den Sommermonaten Wassermangel auf. Während des Krieges entschloss man sich zum Bau einer Wasserleitung von der Saale, beginnend mit einer Pumpstation bei Tauschwitz über den Roten Berg, zur Maxhütte. Die Kosten wurden damals mit 480.000 RM veranschlagt.

Der Vorschlag von Ing. Oswald vom November 1943 wurde nicht realisiert. Da am Ende des Krieges zwei, dann im März 1945 nur noch ein Hochofen in Betrieb war, blieb der Wasserbedarf gedeckt. Als aber im Jahre 1946 in der Maxhütte wieder drei Hochöfen gleichzeitig produzierten, wurde der Wassermangel zu einem entscheidenden Engpass für die Steigerung der Roheisenerzeugung. […]

Als Sofortlösung scheiterten Versuche, mit Hilfe der SMA Thüringen leistungsfähigere Pumpen zur Förderung des Wassers aus den Tiefbrunnen zu erhalten oder Pumpen aus den Westzonen zu beschaffen. Eine grundlegende Lösung der Wasserversorgung war notwendig. […]

›Es gab ein halbes Jahr lang Diskussionen über die verwegensten Pläne zur Behebung des Kühlwassermangels‹, erinnerte sich Fritz Selbmann. […]

Das Projekt für die Frischwasserzufuhr von der Saale sah folgende Lösung vor: Errichten eines Pumpenhauses mit zunächst drei Pumpen in Tauschwitz am Saaleufer, Hochpumpen des Wassers über zwei Stahlrohrdruckleitungen am 170 Meter-Steilhang in einen Hochbehälter mit 5.000 m³ Fassungsvermögen, Weiterleiten des Wassers durch Betonrohre unter Nutzung des natürlichen Gefälles bis an das Werksnetz. Ein später zu errichtender Großspeicher am Südrand des Werkes sollte die ständige Wasserversorgung garantieren.

Enorme Schwierigkeiten bereitete die seit März 1948 eingeleitete Beschaffung des notwendigen Materials, besonders der etwa 4.500 Meter Stahl- und Betonrohre und der Pumpen. Zur Stromversorgung wurde eine Trafostation gebaut.

Anträge an sowjetische Dienststellen auf Verzicht der Demontage von geeigneten Stahlrohren, um Freigabe von beschlagnahmten Beständen sowie Bitten um Zuweisung von Pumpen aus Reparationsbetrieben blieben erfolglos. Ausnahmeregelungen für den Bezug von Rohren aus den Mannesmann-Werken in Düsseldorf erteilten sie nicht.

Im November lagen endlich verbindliche Angebote für Pumpen aus einem Ost-Betrieb vor. Stahlrohre konnte Nordhausen/Niedersachswerfen liefern, erste Betonrohre trafen ein. Der Einsatz von Arbeitskräften aus Bau- und Montagebetrieben wurde vorbereitet. Die Enteignung von Grundstücken für das Baugelände war veranlasst.

Rechtzeitig vor Beginn des Frostes wurde die Pumpstation an der Saale im Rohbau fertiggestellt. Als Mitte Dezember Hunderte Studenten, Oberschüler und viele

Max brauchte Wasser – und viele Jugendliche kamen

FDJ-Gruppen von nah und fern ihre Einsatzbereitschaft bekundeten, entstanden neue Probleme. Aufgaben und Termine für das VESTA-Büro ›Saale-Wasserleitung‹ überstürzten sich. Neben der Bereitstellung der Baumaterialien und der Baustelleneinrichtung mussten nun auch für mehr Unterkünfte mit Bettgestellen und Strohsäcken, für Arbeitskleidung, Verpflegung und für die kulturelle und gesundheitliche Betreuung gesorgt werden. Große Umsicht erforderte die Organisation der Arbeitseinsätze. Die Reichsbahn stellte einen Baustellen-Wohnzug mit einer alten Dampflok als Heizung zur Verfügung, der von verschiedenen Bahnbetrieben in Sonderschichten hergestellt worden war. Die Maxhütte war für die Ausstattung der 33 Waggons als Unterkunft für mehr als 300 Helfer verantwortlich. […]

Am 3. Januar 1949 vollzog Fritz Selbmann bei einer Kundgebung auf der Baustelle an der Saale den ersten Spatenstich und erklärte: ›Wenn dieser Bau in drei Monaten nicht auf Biegen und Brechen geschafft wird, dann scheitert der Plan!‹ […]

Den ersten der insgesamt 34 Einsätze von freiwilligen Helfern über je 14 bis 19 Tage begannen am 3. Januar 400 Volkspolizisten aus Gräfenhainichen und Weimar mit Spitzhacken und Schaufeln. […] Mit Flammenwerfern musste der gefrorene Boden aufgetaut werden, um überhaupt arbeiten zu können. Dann folgten Regen und Tauwetter. Die Rohrgräben waren voller Wasser, die Fahrzeuge versanken bis zu den Achsen im Schlamm, die Kleidung war klatschnass und verdreckt. Dann, Ende Februar, wunderbares Wetter und viele fuhren sonnengebräunt nach Hause. […]

Trotz ihrer schweren Arbeit fanden die Jugendlichen Zeit für Besuche kultureller Veranstaltungen im Kultursaal der Maxhütte. Die Schriftsteller KuBa, Jan Koplowitz und Jan Petersen lasen aus ihren Büchern. Saalfelder Maler hatten den Wohnzug und so manche Wand mit Farbe und Sprüchen von KuBa dekoriert. ›Im Kollektiv tut jeder seins, das ist das Zonen-Einmaleins!‹ und ›Max hat einen guten Zug, ein Glas Wasser ist da nicht genug!‹ […]

An ›Max braucht Wasser‹ erinnern sich heute noch viele Menschen zwischen Thüringer Wald und Ostseeküste. Solidaritätslieferungen an Lebensmitteln, Bekleidung, Wolldecken, Strohsäcken, Medikamenten, Musikinstrumenten u. v. a. m. schickten Landesregierungen aus Thüringen, Sachsen und Mecklenburg sowie die Landesverbände der Volkssolidarität. Aus der CSR und aus der Schweiz trafen Sendungen ein. Frauen aus umliegenden Orten nähten Handschuhe. Kleidungstücke wurden gespendet. Bauern brachten zusätzliche Lebensmittel, Dorfhandwerker spitzten Hacken wieder an und machten Schaufeln wieder gerade. Ein solidarischer Gruß kam sogar aus einem deutschen Kriegsgefangenenlager in Karaganda/UdSSR. […]

Das fast Unerwartete gelang: Mit unerhörtem Elan wurde die Bauzeit sogar unterboten! Die Inbetriebnahme der Wasserleitung konnte um drei Tage vorverlegt werden. Nach 85 Tagen Bauzeit, am 29. März 1949, erfolgte, von einigen Technikern und Baufachleuten bis zuletzt angezweifelt, der erfolgreiche Probelauf der Pumpen am Steilhang – das Wasser floss bergauf: ›Max hatte Wasser!‹«

Nach sechzig Jahren gefeiert

Und um allen Bemühungen zu begegnen, diese Aktion als eine Zwangsleistung zur Arbeit getriebener Jugendlicher auszugeben, sei hier ein im Jahre 2009 entstandener Erinnerungsreport des Lessing-Gymnasiums in Döbeln angefügt: »Schülerinnen und Schüler der zwölften Klassen folgten dem Ruf ›Max braucht Wasser‹ und nahmen kurz vor den Prüfungen zum Abitur zwei Wochen lang am Bau der Wasserleitung in Unterwellenborn teil.

Als der Aufruf in den Zeitungen erschien, entstand bei einigen Schülern unserer Klasse 12b die Idee, an diesem Arbeitseinsatz teilzunehmen. Der Sprecher unserer Klasse, Lothar Kny, und der unserer Parallelklasse 12a, Jürgen Teller, trugen gemeinsam mit dem FDJ-Sekretär Karl Seidel dem Direktor Walter Pirrenz unseren Wunsch vor. Sie erreichten aber keine Zustimmung. Die Bedenken des Direktors betrafen die bevorstehenden Prüfungen zum Abitur und die Tatsache, dass wir nichts über die Bedingungen und näheren Umstände des Einsatzes wussten.

Unsere Klasse hat daraufhin unseren Klassensprecher ohne Wissen der Schulleitung nach Leipzig geschickt, um alles zu erkunden. Das Ergebnis war positiv: Auch wir Oberschüler der 12. Klasse waren willkommen. Nun brachten wir unseren Vorschlag in der Mitgliederversammlung der SED vor. Hier muss eingefügt werden, dass zu dieser Zeit mehrere Schüler unserer Klasse Mitglieder der SED waren. Auch einige Lehrer und der Direktor waren Genossen der SED. Aber die Schüler waren in der Überzahl. Damals gab es infolge der Vereinigung von SPD und KPD zwei gleichberechtigte Vorsitzende der Grundorganisation, jeweils einen von der SPD und einen von der KPD. In der Mitgliederversammlung, in der wir unseren Antrag über den Arbeitseinsatz in Unterwellenborn einbrachten, hatte der ehemalige SPD-Genosse Assmann, unser Lateinlehrer, die Versammlungsleitung. Das Prozedere war das der SPD: Antragstellung – wer spricht dafür? – wer spricht dagegen? – Abstimmung. Wir stellten unseren Antrag. Nach kurzer Diskussion die Abstimmung. Sie ergab eine klare Mehrheit für die Teilnahme unserer Klassen am Arbeitseinsatz.

Natürlich beteiligten sich nicht alle Schüler. Und es waren auch nicht nur Partei- und FDJ-Mitglieder. Einige Schüler waren krank oder fühlten sich körperlich nicht in der Lage, diese schwere Arbeit zu leisten. Andere waren durch Proben zu Theateraufführungen zum Goethe-Jahr unabkömmlich. Es wurde kein Druck ausgeübt, weder für noch gegen die Teilnahme.

[...] Am 13. März fuhren wir zunächst mit dem Personenzug nach Leipzig und von dort gemeinsam mit Studenten der Leipziger Uni per Sonderzug bis Saalfeld. Vor Ort wurden wir zusammen mit Studenten in Brigaden eingeteilt. Der Brigadier und dessen Stellvertreter waren stets Studenten. In meiner Brigade waren es Studenten der Philosophischen Fakultät. In einer anderen Brigade, zu der sechs Schülerinnen und Schüler unserer Klasse gehörten, waren es Studenten der Fachrichtungen Pharmazie und Gesellschaftswissenschaften.

Untergebracht waren wir in Güterwagen, die auf einem Gleis im Gelände der Maxhütte standen. Sie waren mit Doppelstockbetten und einem Kanonenofen ausgestattet. Wir erhielten Arbeitskleidung, insbesondere Wattejacken, zuerst Holzlatschen und ab dem dritten Tag Gummistiefel.

Die Brigaden wurden zu verschiedenen Arbeiten eingesetzt. Wir entluden Sand und Zement aus ankommenden Waggons und beluden LKW, die zu den Baustellen fuhren. Es gab eine Zeitvorgabe, und wir wetteiferten, die Zeitvorgabe zu erreichen.

Noch schwerer waren die Schachtarbeiten im Rohrgraben am ›Roten Berg‹. Der Boden war hart, teilweise Hackfelsen. Auch die Schachtarbeiten am Einlauf des Saalewassers verlangten größte Anstrengungen.

Uns allen fiel die Arbeit sehr schwer. Wir waren schlecht ernährt und derart harte körperliche Arbeit nicht gewöhnt. Dazu kam das kalte Wetter, zwar kein Frost, aber gelegentlich Schneeschauer. Trotzdem waren unsere Stimmung und die gegenseitige Hilfsbereitschaft gut.

Das Essen war nicht üppig. Wir erhielten Kochgeschirre und standen an der Essenausgabe Schlange. Kräutertee gab es aus einem riesigen Kessel. […]

Bei Erdarbeiten am Steilhang, wo später die großen Wasserrohre verlegt wurden, hatte Joachim Schnurpfeil einen Unfall. Er arbeitete mit der Spitzhacke und verletzte sich derart am Fuß, dass er eine tiefe, blutende Schnittwunde davontrug. In der medizinischen Einrichtung der Maxhütte wurde er umgehend versorgt. Sein Fuß bekam einen großen Gipsverband, so dass er sich nur noch mit zwei Krücken bewegen konnte. Gotthard Nitzsche bekam den Auftrag, Joachim nach Hause zu begleiten. Nachdem er den verletzten Joachim dort bei den Eltern abgeliefert hatte, fuhr er in die Schule, um einen kurzen Bericht über unseren Einsatz zu geben und zu erklären, warum er plötzlich in Döbeln war.

Durch ihren Mann, unseren Direktor, erfuhr Frau Kreisschulrätin Pirrenz davon und nutzte sofort die Gelegenheit, Gotthard zu der an diesem Tag stattfindenden Kreisleitungssitzung der SED mitzunehmen. Dort berichtete Gotthard als Teilnehmer der Aktion ›Max braucht Wasser‹ den versammelten Genossen von unseren Erlebnissen. Voller Interesse und mit großem Wohlwollen wurden seine Worte aufgenommen.

Am 26. März fand in Saalfeld die Abschlussfeier für unsere Einsatzgruppen statt. Es sprach Hasso Grabner, damals Hauptdirektor der VESTA (Vereinigung volkseigener Stahlwerke), später ein bekannter Schriftsteller. Kurt Barthel, der unter dem Namen KuBa als Dichter der Max-Hütte von sich reden machte, rezitierte.

Am nächsten Tag fuhren wir nach Hause, und zwar bis Leipzig wieder mit einem Sonderzug, dann weiter nach Döbeln. Am 1. April 1949 wurde die 6 km lange Wasserleitung nach einer Bauzeit von nur 90 Tagen eingeweiht. Im Sommer 1949 fand in der Kongresshalle Leipzig eine große Abschlussfeier mit dem Tanzorchester Kurt Henkels statt. Dort wurden besonders aktive Teilnehmer mit Bezugsscheinen prämiert. Daran konnten nicht alle von uns teilnehmen. Viele hatten inzwischen Döbeln verlassen, weil sie ins Berufsleben eingestiegen waren oder ein Studium begonnen hatten.

Dass diese Zeit intensiver Erlebnisse bei uns bleibende Erinnerungen hinterlassen hat, kann man daran erkennen, dass wir nach nunmehr 60 Jahren noch so viele Details im Gedächtnis gespeichert haben.

Ihre Erinnerungen schrieben auf:
Dr. Christine Hoffmeister, geb. Rosenberger
Gotthard Nitzsche
Dr. Peter Streit im Herbst 2009«

Kommt da nicht Lust auf, diesen Bericht dem Bundespräsidenten zuzusenden, der die Ex-DDR-Bürger doch so dringlich ermahnt hatte: »Dennoch ist es wichtig, dass Unfreiheit, Gängelung, Bespitzelung, Menschenrechtsverletzungen und Terror, all diese dunklen Seiten der SED-Herrschaft, im Gedächtnis unserer Gesellschaft bleiben!«

Und vielleicht sogar Kurt Henkels, der mit seinem Orchester beträchtliche Scharen in Begeisterung zu setzen vermochte.

Der Bericht hätte aber vor allem dem Professor aus Übersee schlüssige Hinweise auf die »rätselhafte Stabilität« liefern können, denn wer sechzig Jahre nach dem mit soviel Tatendurst freiwillig in Angriff genommenen Abenteuer das Bedürfnis verspürt, den Gefährten von einst noch einmal zu begegnen, könnte durchaus als Zeuge für »Stabilität« vorgeladen werden.

Aufschlussreich auch, dass der »Rätsel«-Sucher in seinem 392-Seiten Buch nicht mal den Gedenkstein erwähnte, der noch heute an diese Glanzleistung erinnert, weil nicht einmal die Scharen der Nach-1990-DDR-Denkmalsstürmer ihn angetastet hatten!

Dafür hatte der Yankee ausgeforscht, dass damals in der Maxhütte weniger um Kühlwasser als gegen »Akkordlöhne« gekämpft worden sei. Das schilderte er – selbst offensichtlich nahezu ahnungslos im Hinblick auf die Lohnsysteme jener Zeit – der gegenwärtigen Gene-

31

ration so: »Die Beschlagnahmung und darauf folgende Verstaatlichung von Schlüsselindustrien und großen Betrieben war nur ein Teil der Bemühungen, nach dem Krieg eine neue wirtschaftliche Ordnung in der SBZ zu erschaffen; gleichzeitig betrieb man die Einführung der Planwirtschaft, das Fundament des sozialistischen Wirtschaftssystems. Und um die Erfüllung der nun von oben beschlossenen Planvorgaben sicherzustellen, waren die Funktionäre entschlossen, das Produktivitätsniveau zu steigern.«

Das schrieb ein in einem Land groß gewordener Wissenschaftler, in dem Profit der Maßstab aller Dinge ist und die Steigerung der Produktion als die dortzulande gängigste Methode zur Gewinnung von mehr Profit gilt.

Um aber das Rätsel der DDR-»Stabilität« zu lösen fand er heraus: »Daher führten die Verantwortlichen das sogenannte Leistungsprinzip ein, das den individuellen Verdienst an die quantitative Leistung koppelte. Die wichtigste Maßnahme, die dieses Prinzip verkörperte, war der SMAD-Befehl Nr. 234 vom Oktober 1947, in dem die systematische Ausweitung von Leistungslohn *beziehungsweise* Akkordlohn gefordert wurde.«

Durch ein simples »beziehungsweise« kapitalistischen »Akkordlohn« in sozialistischen »Leistungslohn« zu verwandeln, deckt den Stil solcher Geschichtsschreiber auf. Port: »Indem die Einkommen abhängig von der Erfüllung vorgegebener Produktionsquoten oder Normen gemacht wurden, verband die Akkordarbeit die individuellen Einkünfte mit Leistungen, wobei hohe Produktivität belohnt und niedrige bestraft wurde.

Trotz der Aussicht auf höhere Löhne zeigten die Arbeiter in Saalfeld und Ostdeutschland insgesamt anfänglich wenig Interesse an diesem System: So hatte im Herbst 1948 beispielsweise lediglich ein Viertel aller Arbeiter der Maxhütte Akkordlöhnen zugestimmt.«

Diese beiden Sätze sind im Grunde blanker Zynismus, mit dem versucht werden soll, die »Nachteile« des Sozialismus gegenüber dem Kapitalismus zu »erklären«, obwohl man nicht in Brooklyn geboren sein muss, um zu wissen, wie das dort geltende Ausbeutungsgesetz niedrige Leistungen ahndet.

Dies nur als eines der Hundert Beispiele für die Schliche des Autors.

Immer auf der Spur jener »rätselhaften Stabilität« versicherte Port dem Leser: »Es waren mehrere wichtige Gründe, die dieses Lohnschema so unbeliebt machten. Zunächst befürchteten viele Arbeiter, dass es zu erheblichen Lohneinbußen führen würde. Schon seit dem 19. Jahrhundert hatten deutsche Arbeiter die Akkordarbeit bekämpft, da diese als ausbeuterische Maßnahme angesehen wurde, um eine hohe Produktivität bei Niedriglöhnen zu gewährleisten. Nach dem Krieg zeigten sich viele Arbeiter unbeeindruckt von den offiziellen Behauptungen, dass die sozialistische Form des Fabrikeigentums diese alte Form der kapitalistischen Ausbeutung obsolet gemacht habe; man hörte in den Produktionsstätten in der östlichen Hälfte Deutschlands sogar wieder den vertrauten Slogan ›Akkord ist Mord‹.«

Wohlgemerkt: Es ist keineswegs auszuschließen, dass ein Instrukteur der Kreisleitung irgendwann, irgendwo jemanden diese aus den 20er Jahren stammende Losung hatte sagen hören, aber die 1954 notierte Aussage als Beweis für eine Analyse der Situation 1948 ins Feld zu führen beweist, mit welchen Kniffen Port operierte, um zu seiner »Wahrheit« zu gelangen.

Hier wäre auch noch einzufügen: Niemand hatte jemals behauptet, SED-Kreisleitung oder andere Instanzen der Maxhütte hätten sich je bemüht, die von sowjetischen Offizieren erlassenen Befehle über Nacht in reibungslos funktionierende sozialistische Regularien zu verwandeln, aber niemand vermag zu leugnen, dass man sich redliche Mühe gab, die einstige Ausbeutergesellschaft durch eine bessere zu ersetzen. Und: Dass Arbeiter, die schon von ihren Vätern erfahren hatten, wie kapitalistische Ausbeutung funktioniert, jeder neuen Variante eines Lohnsystems skeptisch gegenüberstanden, muss man auch niemandem erklären.

Prof. Port aber hatte in Saalfeld erfahren: »Hinzu kam, dass es zu einer Zeit, als die offizielle Währung angesichts Knappheit und Rationierungen wenig Wert hatte, auch wenig Sinn machte, mehr Geld zu verdienen. Viele Arbeiter verwendeten daher ihre Energie lieber auf den Schwarzmarkthandel, machten Tauschgeschäfte mit den Bauern auf dem Land oder bestellten selbst kleine Landstriche, was im Übrigen auch die ungewöhnlich hohen Krankenstände während der unmittelbaren Nachkriegsjahre mit erklärt.« Die Anwendung der Formulierung »viele Arbeiter« macht ebenfalls die Port-Methode transparent: Gebündelte Halbwahrheiten werden zu »Wahrheiten« verdichtet. Wer die Zeit miterlebte, weiß, wie hart das Leben war, wer sie nur vom Hörensagen kennt, wurde von Port durch solche Schliche irritiert.

Wie man einen Streik erfindet

Dass der Mann aus Brooklyn sein zweites Kapitel mit: »Der ›erste Streik‹ in der DDR« überschrieb, konnte also auch schon niemanden mehr überraschen. Dass er die beiden Worte zwischen An- und Abführungszeichen platzierte, offenbarte schlechtes Gewissen. Befragt man den Duden, antwortet der, dass »Anführungszeichen vor und hinter Wörtern stehen, die hervorgehoben werden sollen (§ 94). Dazu gehören: […] 2. ironische Hervorhebungen«.

War das nur ironisch?

Weit aufschlussreicher war, dass er den Absatz mit der verwegenen Feststellung begann: »Im Zuge des Kalten Krieges erfolgte am 7. Oktober 1949 die Gründung der Deutschen Demokratischen Republik.«

Weltgeschichte in Stichworten! Der DDR ist schon unendlich Übles nachgesagt worden, aber die Verkürzung auf »im Zuge des Kalten Krieges« entstanden, kann sich der Brooklyner patentieren lassen!

Dieser heiklen Formulierung folgte die Bekanntmachung: »Die Funktionäre in Saalfeld organisierten eine Reihe von Veranstaltungen im ganzen Kreisgebiet, um dieses Ereignis zu feiern. Trotz andauernder Auseinandersetzungen über Zwangsbeschlagnahmungen und Akkordarbeit brachten die örtlichen Bauern und Industriearbeiter ihre ›Verbundenheit‹ mit dem neuen Staat zum Ausdruck und schworen, ›außerordentliche Produktionsleistungen‹ zu erbringen. Die Festlichkeiten wurden am 13. Oktober mit einer großen Veranstaltung auf dem Marktplatz der Stadt beendet, an der – laut überschwänglichen Zeitungsartikeln – mindestens 10.000 Menschen teilnahmen.«

Für diese Zahl gab er sogar eine Quelle an: »Werner, Geschichte Saalfelds, Bd. 4, S. 71.« Damit hatte Port einmal mehr die Trickkiste geöffnet. Der Leser erfuhr: Die Teilnehmerzahl stammte aus »überschwänglichen Zeitungsartikeln«, aber nur wer sich die mehrbändige Geschichte Saalfelds beschafft, kann also erfahren, wie verlässlich welche »überschwänglichen« Zeitungen gewesen sein dürften.

Zügig spielte Port seine nächste Trumpfkarte aus: »Doch nicht einmal zwei Jahre später sollte dort eine ganz andere Massenveranstaltung stattfinden, und zwar eine, die allzu deutlich machte, wie schnell die angebliche anfängliche Begeisterung verflogen war. Angestoßen durch die Verhaftung mehrerer Uranarbeiter, die kurz zuvor in den Kreis zugezogen waren, gipfelte diese Zusammenkunft in der Erstürmung des Gefängnisses und des Polizeigebäudes. Die bedrohten Volkspolizisten kletterten entweder panisch aus den Fenstern, flüchteten sich auf die Hausdächer oder kletterten auf Bäume, um den Spitzhacken der aufgebrachten Bergarbeiter zu entgehen, die sich weigerten, zu ihren Gruben zurückzukehren, solange ihre gefangenen Kumpel nicht freigelassen würden. Polizeiberichten zufolge waren ungefähr 3.000 Bergarbeiter und Einwohner an diesem Vorfall beteiligt.« Für diese Zahl lieferte er allerdings keine Quelle, obwohl er behauptet hatte, Polizeiberichten »zufolge«.

Käme jemand des Weges und stellte die Frage: Wozu eigentlich mit diesem Schwachsinn auseinandersetzen?, fiele die Antwort schwer. Seit über zwanzig Jahren werden täglich neue Gruselgeschichten über die DDR erfunden und in den nächsten zwanzig Jahren wird mit ziemlicher Sicherheit das gleiche geschehen! Lasst sie also mit Lug und Trug fortfahren, eines Tages haben sie sich müde gelogen.

Aber es sind nicht irgendwelche hysterischen Eiferer! Niemand Geringeres als der erste Mann des Staates feuert sie fast täglich an: »In dieser Veranstaltungsreihe wollen wir historische Tatsachen in größere Zusammenhänge einordnen und interessierten Multiplikatoren Argumente liefern, mit denen sie schlichten Geschichtsbildern oder Legenden etwas entgegensetzen können. Es wird um ›Gerechtigkeit und Rechtsstaat‹ gehen, um ›Planwirtschaft und Marktwirtschaft‹. Aber auch darum, was typisch deutsch ist, über die Teilung und die unterschiedlichen Lebenserfahrungen in Ost und West hinweg. Und vor allem darum, was uns unsere Geschichte für die Zukunft lehrt.«

Die jüngere Vergangenheit, räumte der Bundespräsident ein, hat nicht allzu viel zu bieten, und empfahl deshalb: »Es ist menschlich, sich im Rückblick auf das eigene Leben eher an das Gute zu erinnern. Und es ist verständlich, dass viele Menschen die Jahre nach der Wende auch als hart erlebt haben, weil sie ihr Leben gewissermaßen von Neuem beginnen mussten. Dennoch ist es wichtig, dass Unfreiheit, Gängelung, Bespitzelung, Menschenrechtsverletzungen und Terror, all diese dunklen Seiten der SED-Herrschaft im Gedächtnis unserer Gesellschaft bleiben.« Also kein Gedöns eines Lokalblatt-Leitartiklers, sondern die Order des Präsidenten der Bundesrepublik Deutschland! Fast wie ein Gesetz!

Und zu ihm hatte sich nun also ein Yankee gesellt und hatte in Saalfeld entdeckt, was weder »Bürgerrechtler« noch *Bild* und die professionellen Antikommunisten bis dahin ermittelt hatten: Den »ersten Streik« der DDR!

Dagegen waren die Feengrotten ein Kinderkarussell.

Der Gelehrte aus USA hatte erfahren, was weder Gauck in seinen Akten gefunden noch Hubertus Knabe von seinen Gewährsleuten erfahren hatte: »Der Aufruhr und sein Nachspiel – ein bislang wenig bekanntes Kapitel der DDR-Geschichte – brachten nicht nur einige schwerwiegende soziale und wirtschaftliche Spannungen zum Vorschein, die in Ostdeutschland während der unmittelbaren Nachkriegsjahre schwelten, sondern auch die Art und Weise, wie die sozialistischen Machthaber versuchten, Stabilität zu bewahren bzw. wiederherzustellen, mit Protest und offenen Konflikten umgingen.

Wegen früherer archivalischer Beschränkungen wissen wir – abgesehen vom Aufstand des 17. Juni 1953, als Hunderttausende Ostdeutsche in der ersten staatsweiten Revolte innerhalb des gesamten Ostblocks gegen die Politik der SED aufbegehrten – sehr wenig über große Demonstrationen in der DDR. Die frühen Jahre des ostdeutschen Staates waren zweifelsohne eine politisch brisante Periode, was sich größtenteils durch die Zwangseinführung des sowjetischen Systems erklären lässt: Die einseitige Wirtschaftspolitik der stalinistischen Ära – inklusive der im ersten Fünfjahrplan vom Januar 1951 festgelegten, nahezu ausschließlichen Betonung der Kohle- und Stahlproduktion – verursachte ernsthafte Engpässe bei Nahrungsmitteln und Konsumgütern, hohe Preise sowie schlechte Arbeitsbedingungen und trug so erheblich zu einem Klima wachsender Unzufriedenheit in Saalfeld bei. Hinzu kamen die zunehmend hohen Kosten der Wiederbewaffnung im Zuge des Kalten Krieges. Das ist der Kontext, in dem man den Aufruhr von 1951 sowie den zwei Jahre später stattfindenden schwerwiegenderen Aufstand des 17. Juni – der allerdings in Saalfeld weniger dramatisch war – betrachten muss.«

Port zeigte keine Hemmungen bei der Bewertung der Ereignisse 1951 in Saalfeld. Er ließ allenfalls offen, ob es ein »Aufstand« oder ein »Aufruhr« war.

Wer könnte uns das beantworten? Der griechische Philosoph Aristoteles (384 bis 322 v. u. Z.) hatte einst befunden: »Der Zweck der Aufstände ist Gewinn und Ehre oder ihr Gegenteil.« So bliebe die Frage: Wer strebte am 16. August 1951 in Saalfeld nach »Gewinn«, nach »Ehre« oder dem »Gegenteil«?

Steinewerfende Jugendliche geben Fersengeld, Berlin am 17. Juni 1953

Der Versuch einer soliden Antwort zwingt, an ein Kapitel Weltgeschichte zu erinnern: Der Kalte-Krieg-Wettlauf der Großmächte USA und UdSSR um ihr Reservoir an Atomwaffen. Voraussetzung für beide war die Förderung von Uran. Die sowjetische Besatzungszone war ein Gebiet mit den größten bekannten Uranvorkommen der Welt, das von den Sowjets hemmungslos ausgebeutet wurde. Die eigens dafür geschaffene Aktiengesellschaft Wismut bohrte rund um die Uhr neue Schächte und war zu Beginn der 50er Jahre im nahe Saalfeld gelegenen Dittrichshütte auf uranhaltigen Schiefer gestoßen, dessen Abbau über Nacht maßlos forciert wurde. Die »Grubenarchäologische Gesellschaft« behauptet in einer Publikation am 17. August 2005, dass damals etwa 15.000 Kumpel über Nacht angeworben und rund um Dittrichshütte (400 Einwohner) untergebracht worden sein sollen. Die Wismut zahlte Fabellöhne und – so die 1978 geborene Juliane Schütterle – nahm in Kauf, dass »nicht wenige der zugezogenen Kumpel aus dem kriminellen Milieu kamen, deren Rauflust legendär war. […] Doch auch der Unmut der Kumpel über unhaltbare Wohnverhältnisse und harte Arbeitsbedingungen führte zu gewalttätigen Vorfällen, die schließlich ihren Höhepunkt im ›Saalfeld-Aufstand‹ 1951 fanden.«

Und Mr. Port, geboren in Brooklyn, erhob die Erkundungen von Frau Schütterle, geboren in Dittrichshütte, über Nacht zum »ersten Streik der DDR«!

Der wiederum passte haargenau ins Wulff-Bild des »Unrechtsstaats DDR«, was die »Landeszentrale für politische Bildung Thüringen« bewog, Prof. Port eine ganze Ausgabe der *Blätter zur Landeskunde* zu reservieren, die 2008 unter dem Titel »Der erste Arbeiteraufstand der DDR in Saalfeld 1951« erschien. Die Chance nutzte der Mann, um der Welt zu enthüllen, was sich 57 Jahre zuvor in Saalfeld zugetragen hatte, wobei ihm allerdings ein Yankee-Fehler unterlief, als er schrieb: »Ausufernder Alkoholgenuss, Schlägereien und Vandalismus [...] schufen auch in Saalfeld eine Atmosphäre, die in manchem an den amerikanischen ›Wilden Westen‹ des 19. Jahrhunderts erinnerte.«

Mein Saalfeld mit den vier schmucken Stadttoren und mittendrin Buffalo Bill? Ob Port die »Ossis« mit »Rothäuten« verglich, denn wenn diese Randale der erste »Streik« der DDR gewesen sein soll, könnte ich mich rühmen in jener »gaudeamus-igitur«-Nacht an einer 20.-Juli-Aktion beteiligt gewesen zu sein! Der Mann aus Detroit jedenfalls konstatierte in seinem Buch: »Der Aufruhr und sein Nachspiel offenbarten einige der schwerwiegenden sozialen und wirtschaftlichen Spannungen, die in Ostdeutschland während der formativen Nachkriegsjahre schwelten. Zudem zeigte sich hier auch, auf welche Art und Weise die sozialistischen Machthaber mit Protest und öffentlichen Konflikten umgingen.«

Wäre einzufügen: anders jedenfalls als die Yankees im Wilden Westen mit den Ureinwohnern!

Prügelei um eine »Willige«

Zu jenem Abend befragte Saalfelder – deren Wunsch, ihre Namen nicht zu nennen, um ihre Existenzen nicht zu gefährden, respektiert wurde – erinnerten sich an Einzelheiten: Der Ausgangspunkt war eine Prügelei von Besoffenen, die sich um eine willige Frau stritten, ein Delikt, das 2011 auch mitten in Berlin auf U-Bahnhöfen zu Schlägereien führt, die von der Polizei nur selten unter Kontrolle gebracht werden können. Im Brooklyn-Saalfeld des Jahres 2009 eskalierte das Ereignis des Jahres 1951 dank der Aufklärung eines Professors aus Detroit jedenfalls zum »Aufruhr«, der »schwerwiegende soziale Spannungen in Ostdeutschland« offenbarte.

So wurde die Keilerei um eine Frau für die wasserwerferlosen, weder mit Schlagstöcken ausgerüsteten noch behelmten Polizisten zu einem aussichtslosen Duell – und am Ende zum »ersten Arbeiteraufstand der DDR«. Zugunsten des Täters fügte Port, der vielleicht irgendwann vor der von ihm beschriebenen Schreckensszene selbst erschrak, abmildernd hinzu: »Vor allem mit den Einheimischen, von denen viele die ›Eindringlinge‹ mit offener Verachtung behandelten, kam es aufgrund des flegelhaften Verhaltens der Bergarbeiter zu regelmäßigen Zusammenstößen.«

Danach aber fuhr er ohne Hemmungen fort, der Nachwelt den »Aufstand« zu beschreiben: »In den frühen Abendstunden des 16. August fand auf dem Marktplatz Saalfelds eine weitere Schlägerei statt, diesmal zwischen zwei betrunkenen Wismut-Arbeitern. Nachdem einer von ihnen einen Passanten mit einer abgebrochenen

Glasflasche verletzt hatte, wurde die Volkspolizei gerufen. Die Beamten nahmen einen der Arbeiter fest, der auf dem Weg zum Polizeirevier angeblich Widerstand leistete, so dass ihn ein Offizier bewusstlos schlug, woraufhin der Gefangene in das Revier getragen werden musste.

Infolgedessen sammelte sich eine kleine Gruppe von Uranarbeitern – kenntlich an ihren Gummischutzuniformen und ihren geschwärzten Gesichtern –, um gegen die Festnahme zu protestieren. Die Menge bekam mehr und mehr Zulauf, als Kumpels aus den umliegenden Kneipen – der 16. August war Lohntag – geholt wurden. Das lautstarke Verlangen nach Freilassung des Gefangenen führte zur Festnahme weiterer vier Bergarbeiter, die nicht nur die Freigabe ihres Kumpels forderten, sondern auch, dass die beteiligten Volkspolizisten sofort zur Rechenschaft gezogen werden sollten.«

Wie auch immer: Was sich Jahr für Jahr rund um den Berliner Kreuzberg unter Beteiligung von mindestens zehn Polizei-Hundertschaften zuträgt, würde im Vergleich mit jener Saalfelder Prügelei höchstens mit der Leipziger Völkerschlacht zu vergleichen sein. Zudem: Zuständig war in letzter Instanz die Wismut und damit die sowjetische Armee. Die aber – was des öfteren geschah – überließ die »Drecksarbeit« den DDR-Deutschen. So auch in diesem Fall: Der zuständige sowjetische Kommandant führte »internationale Gründe« ins Feld, als er den von der Volkspolizei geforderten Eingriff ablehnte.

Der von Saalfeld aus alarmierte Chef der Thüringer Volkspolizei in Weimar untersagte als erstes den Einsatz von Waffen. Damit waren die Saalfelder Polizisten faktisch im wahrsten Sinne des Wortes wehrlos. Sie taten,

*Hunde ohne Maulkorb, Gummiknüppel griffbereit –
so agiert die Polizei heute, Berlin am 12. Juni 2010*

was ihnen noch blieb und flohen übers Dach aus dem Revier.

Damit war der »erste Streik in der DDR« zu Ende. Die von Port zu Kämpfern für soziale Rechte Erhobenen taumelten trunken heimwärts. Bei aller Vorsicht, um nicht in den Verdacht von Zynismus zu geraten: Hätte der VP-Chef von Saalfeld einige Kneipenregale leerräumen und Freibier servieren lassen, hätte man sich vermutlich sogar über die umstrittene Frau geeinigt und mit den Volkspolizisten angestoßen.

So endete der »erste Arbeiteraufstand in der DDR«. Am nächsten Morgen waren alle wieder »vor Ort«.

Und Prof. Port, der möglicherweise immer noch befürchtete, dass man ihn eines Tages der Übertreibung bezichtigt, fügte einen aufsehenerregend abschwächenden Satz aus den Akten hinzu: »Der Bericht eines hochrangigen Volkspolizisten bestätigt – unwillentlich – diese

Sichtweise: Die ›Banditen‹ hätten während der Plünderung des Reviers keinerlei politische Slogans, Poster oder Bilder beschädigt.« Also doch kein »politischer Streik«? Aber vorsichtshalber fügte der Professor noch hinzu, dass es bis zum 17. Juni 1953 »keine weiteren Unruhen vergleichbaren Ausmaßes« gegeben hatte. Und sah sich einmal mehr ratlos mit seiner Kernfrage konfrontiert: »Wie lässt sich die Stabilität der DDR erklären?«

Doch Männer wie derlei Professoren aus Detroit haben keine Mühe, der Welt zu erklären, wie die DDR ihre Miseren überwand: »Der DDR gelang es, aus den unterprivilegierten Zuzüglern eine Kaste von privilegierten Kaderarbeitern zu formen – eine Entwicklung, die von den Ereignissen in Saalfeld abgeleitet werden kann.« Es fehlte nur noch der Hinweis, wie es die DDR gehandhabt hatte, Suffprügler in Aktivisten zu verwandeln?

Um das Thema abzurunden, noch eine im Grunde aufklärende Feststellung von Frau Juliane Schütterle: »So schnell und intensiv die Wismut AG in die Region eingezogen war, so rasch erfolgte auch der Rückzug. Schon 1953 gingen die Erzvorräte zur Neige und die ausschließlich auf wirtschaftlichen Gewinn orientierte Wismut begann ihre Zelte abzubrechen.«

So simpel war die Antwort auf die Frage, warum auf dem Saalfelder Marktplatz fortan eher »stabil« gefeiert als geprügelt wurde.

Auf zum 17. Juni!

Jenem »ersten Streik der DDR« folgte 1953 der »17. Juni«. Port: »In den frühen Morgenstunden des 17. Juni verhafteten Sicherheitskräfte der Maxhütte einen auf einer nahegelegenen Baustelle beschäftigten Arbeiter, nachdem dieser gemeinsam mit einem Komplizen versucht hatte, einen Polizisten zu überreden, seine Uniform und Waffe herauszugeben. Nachdem sie während des folgenden Verhörs erfahren hatten, dass ›etwas Ernstes‹ in der Hauptstadt passiert war, kontaktierte die Betriebssicherheit den ersten Sekretär der Betriebsparteiorganisation, den Direktor der Maxhütte und Staatssicherheitsmitarbeiter, um geeignete Maßnahmen festzulegen.«

Der Bericht Ports und der Text Margita Bialezkis, die für Teil IV der Maxhütten-Chronik des Geschichtsvereins – erschienen 2005 – verantwortlich zeichnete, unterscheiden sich in wichtigen Details, liegen aber im Kern oft dicht beieinander. Ein typischer Beweis dafür, wie man durch Text-Verzicht Ereignisse verzerren kann.

Bei Bialezki las man: »In der Nacht vom 16. zum 17. Juni wurden zwei Bauarbeiter nach dem Versuch, einen VP-Oberwachtmeister zur Desertion zu bewegen sowie in den Besitz der Uniform und der Waffe zu gelangen, festgenommen. Erst aus den Äußerungen der Bauarbeiter entnahm die Leitung des Volkspolizeikreisamtes Maxhütte (VPKA), ›dass sich in Berlin etwas ereignet haben musste‹.«

Zuvor aber hatte Margita Bialezki die Ursachen für die fatale Stimmung unter den Bauarbeitern erklärt: Es

»herrschte besonders unter den Arbeitern der Fremdfirma Bau-Union Jena eine aufgeheizte Stimmung. Miserable Unterkünfte, unzureichende Versorgung, ungenügende Arbeitskleidung und fehlendes Werkzeug kennzeichneten ihre Situation. Hinzu kamen längere Trennungszeiten von ihren Familien. Die Normenerhöhung traf sie, die mit einfachsten Mitteln im Akkord arbeiteten, besonders hart. Verantwortliche Leiter der Maxhütte bemängelten bereits Ende 1952 in einem Bericht über die Baustelle Rennanlage, ›dass die Bauarbeiter bei dieser Schlechtwetterperiode ohne Gummistiefel auf der Baustelle sind‹. 500 Paar neue Stiefel waren wegen schlechter Qualität unbrauchbar, ihr Umtausch stand noch immer aus. Vom Staatssekretariat Bauwirtschaft verlangte das Werk die Abstellung der Mängel auf der Baustelle.

[...] Bei Arbeitsbeginn machte sich unter den Bauarbeitern eine negative Stimmung bemerkbar. [...] Der Einsatzstab (*der Maxhütte – d. A.*) versuchte, mit dem Parteisekretär der Bau-Union sowie dem Bauleiter eine Besprechung herbeizuführen. Nach langem Suchen konnten beide im Kultursaal gefunden werden, wo sie den Tag des Meisters begingen. Doch da war es schon zu spät. Inzwischen hatten sich etwa 800 Bauarbeiter versammelt, die die Freilassung der Verhafteten forderten und die Hüttenarbeiter zum Streik aufriefen.«

Weiter mit Port: »Die Verhaftung sprach sich schnell herum, und Hunderte von Bauarbeitern legten wenig später ihre Werkzeuge nieder und begannen ›sich zusammen[zu]rotten‹, um gegen die Verhaftung zu protestieren. Ihre Forderungen nach sofortiger Freilassung ihres Kollegen waren mit regierungskritischen Slogans gespickt: ›[T]retet ab, Eure Fähigkeit habt Ihr bewiesen. [...] Wir haben es satt mit dem Regime, denn es werden nur Arbeiter unterdrückt.‹ [...] Irgendwann am frühen Nachmittag entschlossen sich zirka 1.000 Bauarbeiter, zur Maxhütte zu marschieren, um die Stahlarbeiter aufzufordern, sich ihrem Streik anzuschließen.

Die Sicherheitstruppen versuchten erst gar nicht, sie am Eindringen in das Werksgelände zu hindern, und wiesen später darauf hin, dass jeder Widerstand ›unsinnig‹ gewesen wäre. (Die Polizei hatte nur genug Munition, um den Betrieb eine halbe Stunde lang zu verteidigen, was einmal mehr belegt, dass sich der Staatssicherheitsapparat während dieser frühen Periode noch im Aufbau befand.) [...] Die Arbeiter zogen durch die Fabrikhallen, wo sie ›entschieden zurückgewiesen‹ wurden, nicht nur von der Betriebsleitung, sondern angeblich auch von den Stahlarbeitern selbst, welche die Demonstranten ermahnten, den Betrieb zu verlassen, ›andernfalls würden sie in der Walze oder im Hochofen landen‹.«

Das hatte Port angeblich einem Bericht des Maxhütte-Unterwellenborn-Archivs entnommen.

»Mit dem Versprechen zu verhandeln, gelang es den von der SED-Kreisleitung geschickten Genossen, die Bauarbeiter in die Kantine zu lenken wo sie allerdings schnell die Kontrolle über die Situation verloren. Laut Berichten wandte sich ein unbekannter *agent provocateur* in Anzug und mit schwarzem Aktenkoffer an die Menge und verkündete, dass er ein ›alter Kommunist‹ sei, ›aber mit den Verhältnissen [in der DDR] nichts zu tun haben wollte‹.

Gemeinsam mit einem halben Dutzend Arbeiter einigte man sich auf eine Reihe politischer und wirtschaftlicher Forderungen, die vergleichbar denjenigen waren, die an diesem Tag auch im übrigen Ostdeutschland vorgebracht wurden: ein 40-prozentiger Rückgang der Preise in staatlichen Geschäften, die Abschaffung der Akkordarbeit, freie Wahlen, die deutsche Wiedervereinigung, der Abzug der sowjetischen Truppen, eine Revision der Oder-Neiße-Grenze zu Polen, die Freilassung aller politischen Gefangenen, Amnestie für alle am Streik Beteiligten und der sofortige Rücktritt der Regierung – ›denn wir Kleinen werden ja auch bestraft, deshalb muss man die Großen bestrafen‹.«

In diesem Fall steigerte Port die »Qualität« seiner Quellenangaben: »Zu ähnlichen Forderungen in der ganzen DDR vgl. bspw. Knabe: 17. Juni 1953.«

Ausgerechnet Hubertus Knabe als Zeuge für die Ereignisse des 17. Juni in Saalfeld ins Feld zu führen erinnert einmal mehr an den gewagten Vergleich: »Nachts ist es kälter als draußen.«

Man kann an diesem Beispiel aber vor allem einmal mehr den seit Jahrzehnten praktizierten Umgang mit den Fakten des 17. Juni 1953 studieren. Ein »unbekannter *agent provocateur* in Anzug und mit schwarzem Aktenkoffer« habe sich an die Menge gewandt, als erstes versichert, dass er »ein ›alter Kommunist‹ sei, ›aber mit den Verhältnissen [in der DDR] nichts zu tun haben wollte‹«. Und dann erfährt der Leser, worauf sich »der alte Kommunist« und ein »halbes Dutzend Arbeiter einigten«: 40-prozentige Senkung der Preise in staatlichen Geschäften, die Abschaffung der Akkordarbeit, freie

Wahlen, die deutsche Wiedervereinigung, der Abzug der sowjetischen Truppen und – die »Revision der Oder-Neiße-Grenze zu Polen«. Nebenbei war auch noch der sofortige »Rücktritt der Regierung« von dem »Mann mit dem Aktenkoffer und den sechs Arbeitern« gefordert worden.

Port, eigens über den Großen Teich geflogen und in teuren Hotels logierend, um endlich der »rätselhaften Stabilität der DDR« auf die Spur zu kommen, blieb nichts anderes übrig, als nebenbei einzuräumen: »Nachdem es also nicht gelungen war, die Maxhütte-Arbeiter zu überreden, sich dem Streik anzuschließen, verließen die Bauarbeiter das Werk und marschierten grölend durch den Ort Unterwellenborn: ›Wir brauchen keine Volkspolizei, wir brauchen keine Volksarmee, nieder mit unserer Regierung.‹ Nachdem sie andere Bauarbeiter davon überzeugen konnten, sich ihrer Demonstration anzuschließen, kehrten sie, mit Spitzhacken bewaffnet, zur Stahlhütte zurück, wo sie sich vor dem Verwaltungsgebäude versammelten und vergeblich verlangten, dass der Werksleiter über die öffentliche Sprechanlage einen Generalstreik verkündete.

Polizisten mit Gummiknüppeln, Pistolen und Karabinern erschienen, besetzten das Gebäude und ermahnten die Arbeiter, die Versammlung aufzulösen. Die durch diese Machtdemonstration offenbar eingeschüchterten Bauarbeiter entschlossen sich, die Stahlhütte zu verlassen, und marschierten sechs Kilometer Richtung Westen bis in die Stadt Saalfeld, wo sie vorhatten, auf dem Marktplatz für höhere Löhne und niedrigere Preise zu demonstrieren.

Um 15.30 Uhr informierte die Parteileitung der Maxhütte die Polizei, dass etwa 600 Arbeiter auf dem Weg in die Stadt seien. Mehrere Arbeiter und Funktionäre des Stahlwerks wurden geschickt, um den Sicherheitskräften später bei der Identifizierung und Verhaftung der ›Rädelsführer‹ zu helfen. Nach Rücksprache mit den örtlichen sowjetischen Truppen und der SED-Kreisleitung rief der Polizeichef den Ausnahmezustand aus und besetzte strategische Schlüsselpositionen innerhalb der ganzen Stadt.

Die abkommandierten sowjetischen Truppen und Polizisten warteten auf einer hinter dem Bahnhof gelegenen Brücke auf den Zug der Arbeiter, aber zu einer gewaltsamen Auseinandersetzung kam es gar nicht: Die inzwischen auf ungefähr 300 Bauarbeiter reduzierte Menge, die schließlich am Rand der Stadt ankam, wurde kleiner und kleiner. SED-Agitatoren, die von der Parteileitung der Maxhütte geschickt worden waren, mischten sich unter die verbliebenen Demonstranten und schafften es bis 19 Uhr, die Menge aufzulösen.

Es gab im Kreis Saalfeld am 17. Juni keine weiteren ernsthaften Zwischenfälle. Abgesehen von ein paar Stahlwerk-Arbeitern, die Sympathie für die Streikenden gezeigt hatten, gab es ›auch nicht eine Minute Produktionsausfall‹, und auch keinerlei ›unsinnige Forderungen‹ wurden gestellt.«

Mithin: Die Maxhütte, einer der wichtigsten Betriebe der DDR, beteiligte sich nicht am 17. Juni 1953!

Schlagwörter an die Front

Port stellte resignierend fest: »[...] gab es in jenem Sommer keine weiteren Demonstrationen oder Aufstände im Kreisgebiet. Der Sturm legte sich in Saalfeld genauso plötzlich, wie er gekommen war.«

Sichtlich irritiert ob dieses Sachverhalts, schloss Port mit einer Erklärung, die dicht an der Grenze zur Naivität lag: »In gewisser Weise hatte der Kreis schon zwei Jahre früher ›seinen 17. Juni‹ gehabt; viele Einwohner sollten später in der Rückschau sogar die beiden Ereignisse durcheinanderbringen.«

Wie man in solchen Situationen reagiert? Man lässt trotz allem Schlagwörter aufmarschieren: »Der 17. Juni '53, das war der Höhepunkt des Stalinismus. Die Leute hatten die letzten sieben, acht Jahre so viele Erfahrungen gemacht, was Repression betraf, das war ein Volk, das berechtigt viel Angst empfinden musste. Und trotzdem sind die Leute auf die Straße gegangen.«

Allerdings nicht in Saalfeld ...

Port hatte wohlweislich auch darauf verzichtet, Quellen zu erwähnen, die sozusagen »auf der Straße« lagen. Wie das 1965 erschienene Buch von Arnulf Baring »Der 17. Juni«: »Über den Umfang der Streikbewegung am 17. Juni besteht zwischen östlichen und westlichen Quellen im großen und ganzen Übereinstimmung: Grotewohl sprach im Juli 1953 offiziell von 272 Ortschaften, in denen gestreikt worden sei, und von 300.000 Arbeitern, die sich an Streiks beteiligt hätten, westliche Angaben verzeichnen 274 Ortschaften und 372.000 am Streik beteiligte Arbeitnehmer. Die Gesamtzahl der Arbeitnehmer (ohne Lehrlinge) betrug damals 5,5 Millionen. Vergleicht man die Zahl der Arbeitnehmer mit der Zahl der Demonstranten, dann zeigt sich, wie verhältnismäßig wenige Arbeiter sich am 17. Juni beteiligt haben: Legt man die Angaben Grotewohls zugrunde, sind es 5.5 Prozent, folgt man den westlichen Zahlen, 6,8 Prozent.«

Das bundesdeutsche *DeutschlandArchiv* hatte 1982 eine Untersuchung von Klaus Ewers und Thorsten Quest publiziert, die bei Port nicht zu finden war: »Es ist in der Literatur durchgängig davon die Rede, dass es nur zwischen 300.000 oder 370.000 Arbeiter gewesen seien, die in den Juni-Tagen an Streiks und Demonstrationen teilgenommen hätten – was einem Anteil von 4,5 bis 5,5 Prozent der Arbeiterschaft entspräche.«

Dem folgte eine sich ausgerechnet auf die Maxhütte beziehende Ermittlung von Ewers/Quest: »Dafür ist die Maxhütte ein treffendes Beispiel: Hier legten am Morgen des 17. Juni etwa 1.000 Bauarbeiter der Bau-Union Jena, die bei der Erweiterung der Betriebsanlagen beschäftigt waren, aus Solidarität mit den Berliner Kollegen die Arbeit nieder. Nach einer Versammlung [...] zogen sie in die einzelnen Betriebsabteilungen, um die Hüttenwerker zum Streikanschluss aufzufordern. Im Unterschied zu vielen anderen Werken entfalteten hier die Funktionäre der Partei und der Betriebsgewerkschaftsleitung eine rege Aktivität und erreichten, dass die Bauarbeiter den Betrieb wieder verließen.«

Vielleicht hätte Port doch mal bei Bertolt Brecht nachlesen sollen, um den 17. Juni 1953 besser begreifen zu können. Das Reizvollste daran ist Brechts »Doppelseitigkeit« und wie gern diese missbraucht wird. Die Anhänger des »Volksaufstandes« nutzen mit Vorliebe das Zitat, das Brechts Auseinandersetzung mit dem Sekretär des Schriftstellerverbandes Kurt Barthel (KuBa) entsprang. Der hatte das Ereignis so oberflächlich kommentiert, dass ihm Bert Brecht erbost antwortete:

»Nach dem Aufstand des 17. Juni
Ließ der Sekretär des Schriftstellerverbandes
In der Stalinallee Flugblätter verteilen
Auf denen zu lesen war, dass das Volk
Das Vertrauen der Regierung verscherzt habe
Und es nur durch verdoppelte Arbeit
Zurückerobern könne.
Wäre es da –
Nicht doch einfacher, die Regierung
Löste das Volk auf und
Wählte ein neues?«

Die Verwendung des Wortes »Aufstand« genügte, um Brecht fortan überall dort aufzubieten, wo der »Volksaufstand« beschworen wurde.

Im Hinblick auf die Ereignisse weit aussagekräftiger aber ist der Brief des Dichters BB an seinen im Westen tätigen Verleger. Er ist mit seinen 736 Worten fast zwölfmal so lang wie der Anti-KuBa-Vers: »Lieber Suhrkamp, Sie fragen nach meiner Stellungnahme zu den Vorkommnissen des 16. und 17. Juni. Handelte es sich um einen Volksaufstand, um den Versuch, ›die Freiheit zu erlangen‹, wie der überwältigende Teil der westdeutschen Presse behauptet? Bin ich einem Volksaufstand gleichgültig oder gar feindlich gegenübergestanden, habe ich mich gegen die Freiheit gestellt, als ich am 17. Juni in einem Brief an die Sozialistische Einheitspartei Deutschlands, von dem der Schlusssatz veröffentlicht wurde, [mich] bereit erklärte, bei der unbedingt nötigen großen Aussprache zwischen Arbeiterschaft und Regierung in meiner Weise (in künstlerischer Form) mitzuwirken? – Ich habe drei Jahrzehnte lang in meinen Schriften die Sache der Arbeiter zu vertreten versucht. Aber ich habe in der Nacht des 16. und am Vormittag des 17. Juni die erschütternden Demonstrationen der Arbeiter übergehen sehen in etwas sehr anderes als den Versuch, für sich die Freiheit zu erlangen. Sie waren zu Recht erbittert. Die unglücklichen und unklugen Maßnahmen der Regierung, die bezwecken sollten, überstürzt auf dem Gebiet der DDR eine Schwerindustrie aufzubauen, brachten zu gleicher Zeit Bauern, Handwerker, Gewerbetreibende, Arbeiter und Intellektuelle gegen sie auf. Eine Missernte im vorigen Jahr, verursacht durch eine große Trockenheit, und die Landflucht von Hunderttausenden von Bauern dieses Jahr bedrohen die Ernährung aller Schichten der Bevölkerung zugleich. Maßnahmen wie der Entzug der Lebensmittelkarten für Kleingewerbetreibende stellten ihre nackte Existenz in Frage.

Andere Maßnahmen, wie die Anrechnung des Krankenurlaubs auf den Erholungsurlaub, Streichungen der Vergünstigungen für Arbeiterfahrkarten und die generelle Erhöhung der Normen bei gleichbleibenden oder sich sogar erhöhenden Lebenskosten trieben die Arbeiterschaft, deren Gewerkschaften nur schwächlich arbeiteten und ihrer Position nach nur schwächlich arbeiten konnten, schließlich auf die Straße und ließen sie die unzweifelhaft großen Vorteile vergessen, welche die Vertreibung der Junker, die Vergesellschaftung der Hitlerschen

Kriegsindustrie, die Planung der Produktion und die Zerschmetterung des bürgerlichen Bildungsmonopols ihnen verschafft hatten.

Die Straße freilich mischte die Züge der Arbeiter und Arbeiterinnen schon in den frühen Morgenstunden des 17. Juni auf groteske Art mit allerlei deklassierten Jugendlichen, die durch das Brandenburger Tor, über den Potsdamer Platz, auf der Warschauer Brücke kolonnenweise eingeschleust wurden, aber auch mit den scharfen, brutalen Gestalten der Nazizeit, den hiesigen, die man seit Jahren nicht mehr in Haufen hatte auftreten sehen und die doch immer dagewesen waren. Die Parolen verwandelten sich rapide. Aus ›Weg mit der Regierung!‹ wurde ›Hängt sie!‹, und der Bürgersteig übernahm die Regie. Gegen Mittag, als auch in der DDR, in Leipzig, Halle, Dresden, sich Demonstrationen in Unruhen verwandelt hatten, begann das Feuer seine alte Rolle wieder aufzunehmen.

Von den Linden aus konnte man die Rauchwolke des Columbushauses, an der Sektorengrenze des Potsdamer Platzes liegend, sehen, wie an einem vergangenen Unglückstag einmal die Rauchwolke des Reichstagsgebäudes. Heute wie damals hatten nicht Arbeiter das Feuer gelegt: es ist nicht die Waffe derer, die bauen. Dann wurden – hier wie in anderen Städten – Buchhandlungen gestürmt und Bücher herausgeworfen und verbrannt, und die Marx- und Engels-Bände, die in Flammen aufgingen, waren so wenig arbeiterfeindlich wie die roten Fahnen, die öffentlich zerrissen wurden. (Auf den Fotos, die in der westdeutschen Presse veröffentlicht wurden, können Sie ohne Vergrößerungsglas sehen, wer da die Fahnen zerriss.) […]

Und den ganzen Tag kamen über den RIAS, der sein Programm kassiert hatte, anfeuernde Reden, das Wort Freiheit von eleganten Stimmen gesprochen. Überall waren die ›Kräfte‹ am Werk, die Tag und Nacht an das Wohlergehen der Arbeiter und der ›kleinen Leute‹ denken und jenen hohen Lebensstandard versprechen, der am Ende dann immer zu einem hohen Todesstandard führt. Da schien es große Leute zu geben, die bereit waren, die Arbeiter von der Straße direkt in die Freiheit der Munitionsfabriken zu führen. Mehrere Stunden lang, bis zum Eingreifen der Besatzungsmacht, stand Berlin am Rand eines dritten Weltkriegs.

Lieber Suhrkamp, machen wir uns nichts vor: Nicht nur im Westen, auch hier im Osten Deutschlands sind ›die Kräfte‹ wieder am Werk. Ich habe an diesem tragischen 17. Juni beobachtet, wie der Bürgersteig auf die Straße das ›Deutschlandlied‹ warf und die Arbeiter es mit der ›Internationale‹ niederstimmten. Aber sie kamen, verwirrt und hilflos, nicht durch damit.

Die Sozialistische Einheitspartei Deutschlands hat Fehler begangen, die für eine sozialistische Partei sehr schwerwiegend sind, und Arbeiter, darunter auch alte Sozialisten, gegen sie aufbrachten. Ich gehöre ihr nicht an. Aber ich respektiere viele ihrer historischen Errungenschaften, und ich fühlte mich ihr verbunden, als sie – nicht ihrer Fehler, sondern ihrer Vorzüge wegen – von faschistischem und kriegstreiberischem Gesindel angegriffen wurde. Im Kampf gegen Krieg und Faschismus stand und stehe ich an ihrer Seite.«

Freie Wahlen in der Gewerkschaft

Port hatte nur herausfinden wollen, wie die DDR vier Jahrzehnte überstehen konnte. Die Frage war aufgekommen, weil die Chancen der DDR vom ersten Tag an bei Null gelegen hatten. Sie hatte es gewagt, in dem ärmeren Teil Deutschlands die Ausbeutung des Menschen durch den Menschen abzuschaffen. Nicht Profit bestimmte in diesem kleinen Land das Leben, sondern der Versuch, jedem die gleichen Chancen zu bieten, Bildungsmöglichkeiten für alle zu sichern und – nebenbei – niemanden mehr unter Brücken nächtigen zu lassen. Und dies als Nachbar einer der stärksten europäischen Wirtschaftsmächte, welche mit finanzieller und politischer Hilfe der USA zu alter imperialer Stärke gelangt war. Bei offenen Grenzen ein im Grunde aussichtsloser Versuch, zumal die vom Krieg schwer geschädigte Sowjetunion sich durch Reparationen aus ihrer Zone in einem Maße entschädigte, dass für die kaum eine Chance blieb.

Das Staunen darüber, dass sich dieser chancenlose Versuch dennoch Jahrzehnte behauptete, muss auch Prof. Port ergriffen haben, es zu ergründen war ihm eine kostspielige Reise wert. Als er kam, waren viele Spuren des Experiments fast verschwunden. Obendrein hatte der Nachbar, dem man »beigetreten« war, die Reste mit so harter Hand beseitigt, dass – die wohl überzeugendste Zahl – die Zahl der Saalfelder von über 33.000 auf rund 26.000 zurückgegangen war. Die Zahl der Arbeitslosen war von 1989 bis 2011 von 0 auf 3.585 gestiegen. Solche Ziffern brachten wenig, weshalb der Autor Port auf ihre Nennung verzichtete.

Andere »Forschungsergebnisse« unterstrichen seine Ahnungslosigkeit: »Auch wenn hochrangige Funktionäre durch die Ereignisse des 17. Juni 1953 überrumpelt worden waren, hätte der Protest der Saalfelder Bauarbeiter für die örtlichen Machthaber keine Überraschung sein dürfen. Die Alarmglocken waren schon sechs Monate zuvor während der Gewerkschaftswahlen geläutet worden, als die Arbeiter nur drei Prozent ihrer bisherigen Gewerkschaftsvertreter wiederwählten. Die schlechten Wahlergebnisse führten sofort zu einer Untersuchung, und während mehrerer Gespräche beklagten sich die Arbeiter, dass die Gewerkschaftsfunktionäre sich nicht um ihre Belange kümmerten; sie wiesen besonders auf die schlechten Sicherheitsvorkehrungen am Arbeitsplatz, die unzureichende Versorgung durch die staatlichen Geschäfte und nicht ausreichende Schutzkleidung hin.

Auf einer weiteren, einen Tag nach dem Marsch auf Saalfeld abgehaltenen Zusammenkunft beschwerten sich die Bauarbeiter über ihren niedrigen Lohn und die schlechten Bedingungen in ihren überfüllten ›dürftigen‹ Baracken genauso wie über die leeren Versprechungen seitens Gewerkschaftsfunktionären und Betriebsleitung, sie mit Konsumgütern zu versorgen.«

Die Bauarbeiter hatten also schon länger ihre Arbeitsbedingungen kritisiert und nur drei Prozent ihrer Gewerkschaftsfunktionäre wiedergewählt. In offensichtlich freien Wahlen.

Die vorgeblich von Partei und Staat und kontrollierte und kommandierte Gewerkschaft war also nach Ports Ermittlungen außerstande gewesen, die bei DDR-Wahlen angeblich üblichen 99,8 Prozent »Hurra«-Stimmen zu gewinnen. Gewerkschaftler – obwohl von der »Partei« ausgesucht und nominiert – hatten danach 97 Prozent Gegenstimmen erhalten! Wie mochte er das erklären wollen? Es soll – versicherte er – umgehend »Untersuchungen« gegeben haben, bei denen auch ans Licht kam, dass die Gewerkschaftsfunktionäre Mängel nicht beseitigt hatten. Somit bescheinigte der Professor, dass DDR-Gewerkschaftsfunktionäre durch korrekte Wahlen abgewählt werden konnten.

Wie hätte der Bundespräsident das kommentieren sollen? Dieser Satz aus seiner Rede passte überhaupt nicht: »In der DDR durfte man sich nicht zu Wort melden, um nicht mit Repressalien rechnen zu müssen.«

Im Schloss Bellevue scheint man nur selten Zeitungen zu lesen und demzufolge wenig darüber zu wissen, dass sich in der Bundesrepublik heutzutage Firmen und Konzerne ungehemmt weigern, Gewerkschaften in ihren Unternehmen überhaupt agieren zu lassen.

Oder hatte Prof. Andrew I. Port hier bei der Suche nach der Stabilität der DDR unterschlagen wollen, dass das Mitspracherecht der Gewerkschaft im Prinzip gesichert war? Der US-Professor spürte offenbar selbst, mit welch diffizilen Fragen er konfrontiert werden könnte, und versicherte seinen Lesern: »Am Tag des Streiks selbst konzentrierten sich die Bauarbeiter vor allem auf die kürzliche Normerhöhung und beschweren sich, dass diese auf ungerechte, geradezu ›diktatorische‹ Art und Weise eingeführt worden sei, und die Funktionäre hätten nicht einmal erklärt, warum diese Anstiege nötig seien.

Die Arbeiter und Arbeiterinnen in anderen Betrieben im Kreis äußerten ähnliche Beschwerden über die Einführung der höheren Normen, und während eines dem Aufruhr vom 17. Juni folgenden Anfalls von Selbstkritik gestanden die örtlichen Funktionäre ein, dass viele der angeblich freiwilligen Erhöhungen in der Tat durch die Ausübung von etwas, das euphemistisch als ein ›gewisser moralischer Druck‹ bezeichnet wurde, erreicht worden seien.«

Damit nicht genug. Der Versuch, durch über Nacht angeordnete Normerhöhungen die Arbeitsproduktivität zu erhöhen, hatte den 17. Juni ausgelöst, der also ein Protest gegen die die Interessen der Arbeiter unzureichend vertretenden Gewerkschaften war. Diese Normerhöhung war am Nachmittag des 16. Juni korrigiert worden, und Port musste eingestehen, dass damit mehr verändert war, als viele der sich heutzutage oft über Monate hinziehenden Tarifverhandlungen am Ende ergeben.

Und auch in diesem Fall konnte er das nicht leugnen: »Sogar schon vor dem Aufstand Mitte Juni hatten einige Funktionäre in den Betrieben begriffen, dass die jüngste Normerhöhung böses Blut unter den Arbeitern erzeugte, von denen sich viele typischerweise weigerten, ihre Produktion freiwillig zu erhöhen und daher mit denselben falschen Normen weiterarbeiteten. Die Funktionäre bei Zeiss und der Maxhütte gaben in der Tat zu, dass ihre eigenen Versuche, strengere ›technisch begründete‹ Normen einzuführen, zum größten Teil vergeblich gewesen seien, genauso wie bereits vor dem Frühling 1953 – was zumindest ein Grund sein mag, warum die dortige Arbeiterschaft sich weigerte, bei dem Streik mitzumachen.«

Andrew I. Port stand also vor der fast unlösbaren Frage, eine glaubhafte Erklärung zu finden und wählte folgenden Fluchtweg: »Wie ist die generelle Passivität der Arbeiter im Kreis Saalfeld zu erklären? In den Gebieten mit den schwersten Unruhen gab es in der Regel mindestens einen großen Betrieb oder eine Gruppe von Arbeitern, die den anderen Mut zum Streiken machte: In gewisser Weise waren sie Wegbereiter, die unter Anwendung von Gewalt in andere Betriebe eindrangen und die dortigen Arbeiter ermutigten, sich dem Protest anzuschließen. [...] Aber weil die Belegschaft der Maxhütte sich dem Marsch auf Saalfeld nicht anschloss und die Bauarbeiter am Rande der Stadt aufgehalten wurden, gab es in der Stadt selbst, wo sich die meisten Betriebe des Kreises befanden, kein ›zündendes Beispiel‹.«

»Zündende Beispiele« hingegen lieferte u. a. die Post mit einer 2003 edierten Spendenmarke

Aber dieser »Fluchtweg« endete in einer Sackgasse: »Wie die nach dem Aufstand abgehaltenen Diskussionen verdeutlichen, waren die Industriearbeiter, die am 17. Juni nicht gestreikt oder demonstriert hatten, nicht unbedingt gegen die von den aktiven Teilnehmern vorgebrachten Forderungen oder Beschwerden. Aber die große Mehrheit der Industriearbeiter ging nicht auf die Straße, um gegen das Regime und seine jüngste Politik zu demonstrieren.«

Das war deutlich genug: Die Arbeiter waren also nicht gegen das Regime! Das bekräftigte auch der Satz: »Wie wir gesehen haben, schafften es die streikenden Bauarbeiter nicht, die Arbeiter der Maxhütte für ihre Demonstration zu gewinnen, sondern sie trafen auf ›eine eindeutige Abfuhr und mussten fluchtartig die Abteilungen verlassen‹.«

Hatte der Westen gewonnen?

Hier soll noch erklärt werden, wie Prof. Andrew I. Port seine Expedition in die Geschichte der DDR begründete. Schon lange vor jener Rundfunk-Rezension hatte er der in Gera erscheinenden *Ostthüringer Zeitung* ein Interview gegeben:

»Frage: Wie kommt ein Amerikaner darauf, ein Buch über die DDR-Geschichte aus der Perspektive einer Stadt wie Saalfeld zu schreiben?

Antwort: Als ich Mitte der 90er Jahre in die ostdeutschen Archive ging, herrschte im Westen ein großer Triumphalismus. Der Westen hatte gewonnen und dachte nun, dass er das bessere System war. Ich wollte wissen, wie man wirklich in der DDR lebte und wie ganz normale Bürger damals ihren Staat beurteilten. Und war baff: Die Leute im Osten haben unglaublich viel gemeckert und ließen kein gutes Haar an ihrem System. Das Regime selbst hielt kaum seinen eigenen Ansprüchen stand. Wie konnte das 40 Jahre lang gut gehen? Um das herauszufinden, suchte ich einen normalen kleinen Ort.«

Was Port entweder trotz seiner Archivbesuche nicht wusste oder den Lesern nicht mitteilen wollte, war eine aufschlussreiche Übereinstimmung eines Paragrafen der Verfassung der USA und der der DDR. In beiden Ländern hatte der Bürger das Recht, sich mit einer Eingabe an den Präsidenten zu wenden.

In den USA gehörten solche Petitionen zu den Raritäten, wohingegen sie in der DDR vom Tag ihrer Gründung an zur Gewohnheit geworden waren. Das Präsidialbüro beim Präsidenten der DDR nahm ›zur Festigung des Vertrauens der Bürger der DDR zu ihrem Staat‹ seit 1949 Eingaben entgegen, mit denen die Bürger Widersprüche gegen getroffene Entscheidungen geltend machten. Wie umfassend – weil offensichtlich wirksam – davon Gebrauch gemacht wurde, verraten vor allem zwei Zahlen. In der Zeit jener unpopulären, weil bürgerunfreundlichen Entscheidungen stieg die Zahl der Eingaben im ersten Halbjahr 1952 von 14.152 auf 16.151 im 1. Halbjahr 1953 an. Es war die Folge jener Maßnahmen, zu denen auch die Normerhöhungen gehörten. Rund 57 Prozent aller Eingaben bezogen sich auf Versorgungsfragen.

Nach dem Wegfall der Subventionen für Industriewaren und Lebensmittel 1953 nahm die Zahl der Eingaben weiter zu. Handwerker und Gewerbetreibende beschwerten sich über den Wegfall ihrer Lebensmittelkarten. Minderbemittelte fühlten sich existenziell betroffen, wie etwa Erich K. aus Delitzsch: »Ich bin ein kleiner Rentner, 69 Jahre alt, erhalte DM 60,- monatlich Rente, betreibe nebenbei einen Handel mit Tabakwaren. Im Monat Mai hatte ich einen Verdienst von DM 24,- zu verzeichnen.«

Solche und ähnliche Eingaben fielen Port im Archiv der Saalfelder Stadtverwaltung bergeweise in die Hand. Darunter befanden sich nicht selten auch Briefe, die überzogene Kritik enthielten, was davon zeugt, dass niemand fürchtete, wegen seiner drastischen Beschwerden mit Ärger oder gar Repressionen rechnen zu müssen. Und Port, der nie im Leben die DDR besucht oder erlebt hatte, rekonstruierte aus Eingaben und kritischen Berichten, die bei der SED oder den Gewerkschaften beraten worden waren, sein »Erinnerungsbild der DDR«:

»Die immer wiederkehrenden Versorgungskrisen und für alle sozialistischen Nachkriegswirtschaften charakteristischen Engpässe plagten Saalfeld nach wie vor, was immer wieder zu langen Schlangen sowie zu periodischem Mangel sogar von ›Waren des täglichen Bedarfs‹ führte. Nach einem großen Ernteausfall im Herbst 1961 berichteten die örtlichen Funktionäre zum Beispiel über ernste Knappheit von Fleisch, Butter, Eiern und Gemüse – eine beunruhigende Entwicklung, welche die öffentliche Diskussion im Kreisgebiet ein Jahr lang dominierte. Eine Arbeiterin in der Rotstern-Schokoladenfabrik behauptete, dass sie deshalb mehrere Kilo abgenommen habe, und einige Frauen in einer kleinen Privatfirma drohten sogar mit Streik, falls die Fleischversorgung nicht sofort verbessert werden würde. Im Laufe der folgenden zwei Jahre notierten MfS-Mitarbeiter einen deutlichen Rückgang kritischer Diskussionen und anderer ›negativer Erscheinungen‹, was sie auf verbesserte Lieferungen zurückführten. Doch in der zweiten Hälfte des Jahrzehnts berichteten die Saalfelder Machthaber dann nach wie vor über weitverbreitetes Meckern und lange Schlangen vor den staatlich betriebenen Geschäften – vor allem im Sommer 1965, als Fleisch, Obst und Gemüse einmal mehr besonders knapp waren.

Eine weitere große Krise im Winter 1969/70 – diesmal in der ganzen DDR – löste eine neue Flut schriftlicher Beschwerden über Kohle-, Gas- und Kartoffelknappheit aus, und es wurde sogar behauptet, dass es mit der Versorgungssituation seit den späten 50er Jahren ›abwärts‹ gegangen sei: ›Wir sehen ein, dass wir beispielsweise auf ein Auto längere Zeit warten müssen, haben aber kein Verständnis, wenn Waren des täglichen Bedarfs seitens des Handels [immer noch] ungenügend gestreut werden.‹ […] Ein Gerücht, dass 100 Tonnen verdorbene Butter weggeworfen werden mussten, trug wenig dazu bei, solche Verdächtigungen zu zerstreuen oder das Vertrauen in die Machthaber zu steigern. Andere argumentierten, dass ›bei uns alles so knapp [ist], z. B. Butter und Eier‹, weil so viele Waren – vor allem Qualitätsprodukte – ins Ausland verkauft würden: ›Warum [exportieren] wir in der DDR soviel hochwertige Sachen […], wo wir im eigenen Land noch viele Dinge selbst gebrauchen können?‹

Eine ähnliche Frage beantwortete ein Saalfelder Parteifunktionär einige Jahre später mit der üblichen Rechtfertigung, dass die DDR außer Braunkohle und Kali wenig Rohstoffe habe, was bedeutete, dass man ›in der Agrarpolitik nicht in der Lage‹ sei, ›[sich] selbst zu versorgen. Deshalb müssen die besten Maschinen exportiert werden, um dafür die notwendigen Rohstoffe und Lebensmittel einführen zu können.‹

Das mag zwar zugetroffen haben, doch diese Erklärungen trugen wenig zur Verbesserung der Versorgungssituation oder zur Beschwichtigung der frustrierten Konsumenten bei.

Ärger über schlechte materielle Bedingungen und ungerechte soziale Unterschiede gab und gibt es freilich nicht nur in Autokratien. Aber in Ostdeutschland […] machten die meisten Bürger Partei und Staat ›persönlich‹ für ihr materielles und soziales Wohlergehen verantwortlich – nicht nur wegen der umfassenden Kontrolle, die Letztere in Bereichen ausübten, welche anderswo vom

Andrew I. Port: »Seit dem Beitritt der DDR zur Bundesrepublik [...] ist die anfänglich durch den Fall der Mauer ausgelöste Euphorie vielerorts Enttäuschung und Verbitterung gewichen.« Aufnahme 1991

Markt und der Gesellschaft reguliert wurden. [...] Sobald die Fundamente des sozialistischen Staates Ende der 40er Jahre gelegt waren, blieben die wesentlichen Strukturen der SED-Herrschaft für die verbleibenden Jahre des Regimes im Grunde dieselben. Es gab natürlich wichtige Änderungen – etwa bemerkenswerte Verbesserungen bei der Versorgung und Belieferung, die Veränderung der Produktionsbeziehungen auf dem Lande und die Verwendung zunehmend ausgeklügelter Methoden der staatlichen Überwachung.

Doch einer der auffälligsten Aspekte der Geschichte Saalfelds während der Ulbricht-Ära ist eine bemerkenswerte Kontinuität, die viele der in diesem Buch diskutierten Themen charakterisierte: die verschiedenen Ursachen kollektiver Unzufriedenheit und die Art und Weise, wie Unzufriedenheit ausgedrückt wurde, nonkonformistisches Verhalten und die weitverbreitete Weigerung, sich den Forderungen der Partei und des Staates zu fügen, und – last but not least – die offiziellen Strategien im Umgang mit Beschwerden und offenen Konflikten.«

Der Professor, der garantiert nie in seinem Heimatland erlebt hatte, dass sich Bürgermeister oder gar Gouverneure um das Wohlbefinden der Bürger kümmerten, wenn die Klage über Mängel führten, las nun Stapel von Dokumenten, die nachwiesen, wie offenherzig das Verhältnis zwischen Bürger und Verwaltung in der DDR war. Das muss ihn beeindruckt haben, denn an anderer Stelle konstatierte Andrew I. Port: »Seit dem Beitritt der DDR zur Bundesrepublik vor zwei Jahrzehnten ist die anfänglich durch den Fall der Mauer ausgelöste Euphorie vielerorts Enttäuschung und Verbitterung gewichen – Anschluss, gefolgt von Melancholie, wie Charles Maier es treffend ausgedrückt hat. Die hohe Arbeitslosigkeit, verbreitete soziale und wirtschaftliche Unsicherheit und das Gefühl, von ihren Brüdern und Schwestern im Westen missverstanden und sogar verspottet zu werden, sind Gründe dafür, dass viele Ostdeutsche zynisch auf Helmut Kohls optimistische Versprechen ›blühender Landschaften‹ und dass es den meisten nach der Vereinigung besser gehen würde, zurückblicken.

Diese Studie hat sich weitgehend auf die Rolle konzentriert, die empfundene Ungerechtigkeit und relative Deprivation spielten, um die Langlebigkeit der DDR zu erklären. Solche Gefühle sind im neuen Deutschland nicht verschwunden; sie haben lediglich neue Ausdrucksformen angenommen, indem viele ehemalige Ostdeutsche nach wie vor ihre Situation mit der von anderen vergleichen – diesmal vor allem mit denen im Westen. […] Aber könnte es sein, dass der Neid und die sozialen Spannungen, die halfen, die langfristige Stabilität der DDR zu erklären – unter völlig anderen politischen Umständen in einer pluralistischen Gesellschaft, die offen für Proteste der Bevölkerung ist –, eines Tages zu Instabilität im neuen deutschen Staat führen? Das wäre das größte Paradox der deutschen Vereinigung.«

Wäre es nicht logisch, Prof. Port die Frage zu stellen, an wen sich die noch im Osten – dem Terrain der ehemaligen DDR – lebenden Bürger heute mit ihren Fragen wenden könnten, wie sich die vom Institut Arbeit und Qualifikation unterschiedlichen Niedriglohnschwellen erklären ließen: 9,50 Euro im Westen und 6,87 Euro im Osten? Im *Spiegel* vom 11. Juni 2007 hieß es: »Bis zu 41 Prozent Lohngefälle zwischen Ost und West.« Wer könnte auch nur den Hauch eines Arguments vortragen, warum Frau oder Mann, die in der DDR aufwuchsen und heute die gleiche Arbeit leisten wie die in der BRD aufgewachsenen Frauen oder Männer, fast die Hälfte weniger Lohn erhalten?

Und so wäre die letzte Frage des Yankees in seinem Text gar nicht so abwegig!

»Als Westler war ich richtig baff«

Natürlich wurde Prof. Andrew I. Port rund um Saalfeld wiederholt von Journalisten befragt, die sich von einem Exoten aus Übersee erklären lassen wollten, wie sie in der DDR gelebt hatten. So erkundigte sich am 31. Juli 2010 *OTZ*-Korrespondent Hanno Müller.

»*Frage*: Apropos meckern: Wie gefährlich waren Meckereien aus Ihrer heutigen Sicht für die Meckerer?

Antwort: Gemessen an dem, was ich für Saalfeld gefunden habe, konnte man in der DDR zumindest bei wirtschaftlichen und sozialen Dingen ziemlich weit gehen. Die Leute wussten aber in der Regel genau, wo die Grenzen waren. […] Möglicherweise aber war die Staatssicherheit eben doch nicht so omnipräsent, wie es die vielen Geschichten über sie vermitteln. […] Die Menschen agierten eher gegeneinander als miteinander, letztlich verhinderten diese sozialen Spannungen erfolgversprechende kollektive Aktionen gegen den SED-Staat.

Frage: Ganz schön gewagt für einen Amerikaner, den Saalfeldern und damit auch den Ostdeutschen zu erklären, dass ihre viel gepriesene Solidarität und Kollegialität allenfalls eine Notgemeinschaft war.

Antwort: Genau so hat es sich mir in den Akten und Gesprächen dargestellt. Egal, ob es um die Suche nach Wohnungen oder Kindergartenplätzen ging, egal, mit wem ich gesprochen habe. […] Man war einander nicht grün.

Frage: Und deswegen hatten die Menschen Ihrer Meinung nach lange keine Muße, zu protestieren?

Antwort: Muße ist hier vielleicht nicht das richtige Wort. Meine These lautet: Der Mangel an Solidarität war mit verantwortlich für das Ausbleiben von öffentlichen Protesten und damit für die Stabilität der DDR.

Frage: Alles zusammengenommen – woran ging die DDR letztlich zugrunde?

Antwort: Eine scheiternde Wirtschaft am Rande des Zusammenbruchs, die wachsende Frustration nach den hehren Versprechen der frühen Honecker-Jahre, der Verlust an Selbstvertrauen einer sklerotischen Regierungselite – und natürlich Gorbatschow.«

Am 6. September 2010 schickte die auch in Saalfeld erscheinende *OTZ* Frank Kalla, um Port zu befragen.

»*Antwort*: Ich wollte wissen, wie die Leute in der DDR tatsächlich gelebt haben. Saalfeld schien mir dafür besonders geeignet, gerade wegen der Maxhütte. Was ich von 1994 bis 1996 in den Archiven fand, war nicht nur von der schieren Menge her überraschend. Richtig baff war ich vor allem als Westler, der dachte, alle im Osten hätten sich duckmäuserisch verhalten, dass die Menschen in der DDR so viel und so offen über das System gemeckert haben, wohl gerade deshalb, weil die SED oft ihren eigenen Ansprüchen nicht gerecht werden konnte. Normalerweise führt derartig starke soziale, wirtschaftliche oder politische Unzufriedenheit zur Instabilität eines Regimes. Die DDR dagegen bestand bekanntermaßen 40 Jahre lang.

Frage: Waren die DDR-Bürger ›Duckmäuser‹, weil sie sich auf das gerade noch so geduldete Meckern beschränkten?

Keine Duckmäuser: Ein Arbeiter sagt Politbüromitglied Alfred Neumann die Meinung, 1981

Antwort: Im Gegenteil, die Saalfelder waren bemerkenswert eigensinnig. Viele widersetzten sich den von Partei und Staat erhobenen Forderungen. Mit ihren Meckereien über Versorgungsengpässe und Mangelwirtschaft setzten sie vielmehr die SED unter Druck, die ihrerseits versuchte, auf die Beschwerden zu reagieren und die angeführten Mängel abzustellen. Dabei hatten 98 Prozent der Beschwerden gar keinen politischen Hintergrund im engen Sinne, wobei die SED und die Stasi das natürlich auch ganz anders hätten deuten können.«

Der Chefredakteur antwortet nicht

Port stellte schließlich vor rund 120 Interessenten in Saalfeld sein Buch vor. Die Veranstaltung moderierte Ulrich Erzigkeit, Chefredakteur der *Ostthüringer Zeitung*, früher, zu DDR-Zeiten, als das Blatt noch *Volkswacht* hieß, war er Chef der Sportredaktion und damit Kollege. Das hatte mich bewogen, Ulrich Erzigkeit um ein Gespräch über diese Buchlesung zu bitten. Zweimal fragte ich per Email an. Abweichend von der DDR-Praxis, dass jede Eingabe beantwortet werden musste, kann sich heutzutage und hierzulande jede Institution in Schweigen hüllen. Der Chefredakteur antwortete nicht.

So musste ich mich auf den von Thomas Spanier am 17. November 2010 in der von Erzigkeit verantworteten Zeitung veröffentlichten Bericht stützen:

»Im Detail hatte so gut wie niemand etwas vorzubringen gegen Andrew I. Ports Buch. Das kann daran liegen, dass nicht alle der 120 Besucher im Saalfelder Stadtmuseum im Franziskanerkloster das 400-Seiten-Werk schon gelesen haben. Oder daran, dass die Fakten gut recherchiert sind. Im Prinzip aber, was die Folgerungen aus der Materialsammlung betrifft, gab es in der gut zweistündigen Veranstaltung erhebliche Einwände.

Port [...] hatte den Mauerfall in Berlin erlebt. Seitdem hat ihn die Frage nicht mehr losgelassen: Wie haben die Menschen im Osten Deutschlands gelebt? Wie war es möglich, dass dieser Staat länger Bestand hatte als die Weimarer Republik und das Dritte Reich zusammen?

Port vergrub sich in den Archiven von staatlichen Behörden, Parteien, Betrieben. Er befragte Zeitzeugen, wollte die Stimmung ›im ersten Arbeiter- und Bauern-Staat auf deutschem Boden‹ erkunden.

Was er fand, hat ihn umgehauen. Keine Duckmäuser tauchten da aus den Akten auf, keine Lämmer, die die Pein still erduldeten, sondern selbstbewusste Staatsbürger, die ihren Unmut darüber bekundeten, dass es keine Kartoffeln gab, die Wartezeit auf einen Pkw immer länger wurde und die Nachbarstadt mit einem Sonderkontingent Waschmaschinen beglückt wurde, während man selbst in die Röhre guckte.

Das Kapitel ›Mangel macht gleich?‹, das Port in Saalfeld las, macht mit einer Fülle von Details deutlich, wie sich die Bevölkerung in den 50er und 60er Jahren gegenseitig skeptisch beäugte. Da ist der Lehrer sauer, weil er

Port: Neid und Missgunst. Die einen durften in den Westen reisen, die anderen nicht

weniger verdiente als der Produktionsarbeiter, eine Rotstern-Mitarbeiterin klagt, dass sie wegen der schlechten Versorgung schon mehrere Kilo abgenommen habe, und der Wema-Arbeiter blickt neidisch zum Pumpspeicherwerk Hohenwarte, wo eine Ladung Fernseher angeliefert wurde. […] Und er fragte sich, weshalb die DDR trotz der weit verbreiteten Unzufriedenheit so lange stabil geblieben ist. Unstrittig sei, dass es Repression in der DDR gegeben habe. Dies reiche aber für ihn als Erklärung nicht aus. Port sieht die Bereitwilligkeit der Funktionäre an der Basis, auf Probleme der Bevölkerung einzugehen, und den sozialen Neid, der echte Solidarität verhindert habe, als weitere Faktoren.

Damit forderte er den Widerspruch eines Teils des Publikums heraus, das wahlweise mit Applaus und Buhrufen auf die Redebeiträge reagierte. Nun soll es also auch noch an Solidarität gemangelt haben im untergegangenen Staat.

Das habe er nie behauptet, sagte Port. Die Solidarität sei aber in kleinen Gruppen zu finden gewesen und als Reaktion auf die Schwächen des Staates entstanden. ›Ich will nichts schlecht machen‹, meinte der Historiker. Was in seinem Buch stehe, seien Zitate von Ostdeutschen, denen er keinesfalls die Lebensleistung absprechen wolle. Es müsse möglich sein, das System der DDR zu kritisieren, ohne das Leben der Menschen zu kritisieren. Die Einstellung ›40 Jahre umsonst‹ sei falsch.«

»Selbst Ostdeutsche sind überrascht«

Aufschlussreich auch der Versuch von Uwe Stolzmann im *DeutschlandRadio,* am 10. November 2010 das Buch zu »erklären«: »Woran ist die DDR zerbrochen? Der Historiker findet die Frage nicht so spannend. Viel mehr interessiert ihn: Warum gab es das Land überhaupt so lange? Der kleinere deutsche Staat existierte immerhin vierzig Jahre, länger als die Weimarer Republik und das Dritte Reich zusammen.

Mit Blick auf Arbeit und Alltag untersucht Port das Verhältnis zwischen Oben und Unten, vor allem aber die ›horizontalen Beziehungen‹, die zwischen den Bürgern.

Dies sind einige Thesen des Autors: Die DDR war kein totalitärer Staat, die Führung konnte ihren Machtanspruch nicht durchsetzen. Der Mythos vom allzeit regimetreuen Duckmäuser ist falsch. Natürlich gab es Loyalität gegenüber einem ›fürsorglichen‹ System, und es gab Angst. Andererseits zeigten sich die Saalfelder durchgehend renitent, behördlichen Druck konterten sie mit ›weitgefächerter Phantasie‹. […] Gerade in der Phase der schlimmsten Repression gab es zwei Aufstände – eine Rebellion Tausender Wismutarbeiter im August 1951 sowie die Erhebung vom Juni 1953.«

Diese Aussagen müssen nicht kommentiert werden. Der Rezensent hatte nie »Tausende« Wismutarbeiter in dem Port-Buch als Teilnehmer am »Aufstand» 1951 finden können – also erfand er sie selbst!

»Andererseits: Bis zum Mauerfall sah man keine bedeutenden Proteste mehr. Port liefert drei interessante Erklärungen.

Erstens: Die Ostdeutschen bildeten eine ›Mecker-Gesellschaft‹; wer meckert, muss nicht rebellieren. Zweitens: Kleine Funktionäre, die Vertreter der Macht, gaben sich versöhnlich, kompromissbereit, sobald die Harmonie gefährdet schien. Drittens: Das DDR-Volk war tief gespalten. Neid herrschte – zwischen Generationen und Geschlechtern, zwischen Klassen und Schichten, auch in einem Betrieb, einer Brigade. Aus dem Neid erwuchs eine Art Selbstjustiz: Arbeiter wurden von Arbeitern gemaßregelt oder angeschwärzt; die oben sahen's gern. Wenn es wirklich einen latenten Bürgerkrieg gegeben habe, schreibt der Verfasser, dann war es einer, in dem die Saalfelder gegen sich selbst kämpften.

Ports Studie überzeugt durch schlüssige Gedanken, eine Vielzahl an Quellen und die unaufgeregte Art der Darstellung. Nichts wird geschönt und nichts verteufelt. Der Leser erhält einen plastischen Eindruck vom Leben in der DDR-Provinz; so mancher Fakt wird selbst Ostdeutsche überraschen.«

Und was sagten die Saalfelder?

Bliebe noch die letzte, aber wohl belangvollste Frage: Was sagten die Saalfelder selbst?

Port hatte nur bei zwei von ihm Befragten Namen genannt, die anderen blieben – sicher auf eigenen Wunsch – anonym, was wiederum nicht für den »Mut« – oder besser: »heute fehlende Angst« spricht.

Die meisten unserer Zeugen hatten keine Hemmungen ihre Namen zu nennen. Die ihn verschwiegen, führten triftige Gründe ins Feld: Söhne oder auch Enkel bekleiden führende Stellungen in renommierten Unternehmen und fürchten Ärger. Solche heute weit verbreitete Angst, die die vorgebliche DDR-Angst vor der Stasi in ihrer Dimension übertrifft, ist verständlicherweise bislang von niemandem untersucht worden.

Beginnen wir bei den Meinungen mit zwei Leserbriefen, die Erzigkeits *OTZ* abgedruckt hatte. Wer das Zeitungsgewerbe auch nur halbwegs kennt, weiß, dass sie darauf schließen lassen, das sehr viel mehr kritische Briefe die Redaktion erreicht haben mussten.

Unglaubhaft
Zum Beitrag »Der Kitt, der die DDR zusammenhielt« (OTZ, 6.9.10).

Ein Politologe sollte wissen, dass schriftliche Quellen allein zu einer Gesellschaftsstudie mit Anspruch nicht reichen, besonders, wenn staatliche Restriktionen zu fürchten waren. Jemand, der die DDR nicht von innen kennt und sich nicht die Mühe macht, Quellen per Befragung zu öffnen, wird wissenschaftlich unglaubhaft. Nicht nur die Saalfelder werden sich wundern, wie ›sie sich im latenten Bürgerkrieg selbst bekämpften‹ – das Leugnen gesicherter Informationen anderer Veröffentlichungen ist wohl Hauptinhalt des Werkes ›Die rätselhafte Stabilität‹. Wer soll das lesen?

Dr. Ingo Steinhauer, Hermsdorf, per E-Mail

Zum Beitrag »Mangel an Solidarität« (OTZ, 6.9.10).

Zu den Aussagen des Prof. Port über unser Leben zwischen 1946 und 1990 möchte ich protestieren. Was auch diesen jugendlichen Professor bewogen haben mag, nicht über die solidarischen Probleme seiner Heimatstadt Brooklyn, sondern über die ihm fremde Stadt Saalfeld ein Buch zu schreiben, wird vielen unverständlich sein. Weil wir solidarisch zueinander waren, haben wir in diesem Staat vierzig Jahre lang leben können, nicht umgekehrt. Neider wird es immer geben. Je größer die gesellschaftlichen und materiellen Unterschiede, um so ausgeprägter das Neidgefühl.

Die Gründe des Zusammenbruchs der DDR sind doch ganz andere als der wirtschaftliche Niedergang. Die Pro-Kopf-Verschuldung liegt heute dreimal höher als zur Wende. Hinausgezögert wurde dies durch die Bedingungen des ›kalten Krieges‹, nicht aber durch das unsolidarische Neidverhalten der Bevölkerung. Die Affinität zu allem, was aus Amerika kommt, wird langsam unerträglich. Dieses Land hat selbst viele Probleme, für die es keine Lösung findet.

Rolf Beißig, Saalfeld, per E-Mail

Hubert Müller

»Ich bin 66 Jahre alt, gelernter Eisenbahner, beendete die Ingenieurschule mit Hochschulabschluss. Ich war in dem von Port öfter erwähnten Kraftverkehr Saalfeld als Betriebsorganisator tätig, kann also einschätzen, was über den Kraftverkehr in dem Buch geschrieben wurde. Ich habe das Buch bis zu jener Seite gelesen, wo ich dem Quellenverzeichnis entnahm, dass zum Thema Kraftverkehr nichts mehr kommt. Das war etwa Dreiviertel des Umfangs. Ich habe Respekt vor der Arbeit Ports, vor seiner Quellensammlung. Die Probleme, die er zum Kraftverkehr anschneidet, haben uns bis zum Ende der DDR eigentlich verfolgt, und das waren relativ niedrige Tariflöhne, die von den Kraftfahrern versucht wurden mit ›Stundenschreiben‹ zu erhöhen.

Was mich an dem Buch stört, sind die Schlussfolgerungen, die daraus gezogen werden. Hier stieß ich auf Aspekte, die wir in der DDR gelernt hatten: Philosophie und Geschichte sind Gesellschaftswissenschaften und die sind immer klassengebunden. Die Schlussfolgerungen sind für die jetzige Zeit absolut typisch, werden auch ihr Publikum finden, können aber von denen, die die Zeit bewusst erlebt und auch gestaltet haben, nicht nachvollzogen werden. Zum Beispiel: Bei den Problemen die wir im Kraftverkehr hatten, ging es nie darum, dass das Ende der DDR herbeigesehnt wurde, sondern es ging immer darum, erstens die eigenen Bedürfnis besser befriedigen zu können und – muss man auch sagen – darum, die Arbeit im Betrieb zu verbessern!

Unser Thema war nicht, dass das mit der DDR ›alles Scheiße ist‹, auch wenn nicht alle der roten Fahne hintergerannt sind. Aber die meisten waren in diesem Staat aufgewachsen, hatten in diesem Staat gelebt und waren in ihm zu Hause. Meine Meinung, wenn mancher unserer Kraftfahrer jetzt das Buch lesen würde, der würde nicht verstehen, was der da beschreibt. Die Unterlagen, die im Hinblick auf den Kraftverkehr eine Rolle spielen, stützen sich auf Protokolle der Betriebsgewerkschaftsleitung und offensichtlich Niederschriften, die aus der SED-Kreisleitung und dem FDGB-Kreisvorstand stammen, also, was dort zur Sprache gekommen war. Vermutlich fußend auf den damals üblichen Monatsberichten. Andere Unterlagen habe ich da nicht finden können. So war das, und so segensreich es sein könnte, dass sich ein US-amerikanischer Wissenschaftler mit unserer Vergangenheit beschäftigt – viele seiner Schlussfolgerungen verraten eben den Amerikaner!«

Willy K.
»Mein Sohn meinte, sein Chef sei in solchen Fragen komisch. DDR? Gibt's nicht, gab's nicht! Der Wulff soll das neulich mal wieder ganz deutlich gesagt haben. Deshalb habe ich meinen Namen abgekürzt. Ich war bei dieser Lesung, habe aber den Mund gehalten.

Dabei reizte es mich den ganzen Abend, dem Amerikaner eine einzige Frage zu stellen. Dazu muss ich erklären: Ich las mein Leben lang mit Begeisterung Karl May und beschäftigte mich später intensiv mit dem Schicksal der Indianer in den USA. Die verheerende Niederlage von General Custer am Big Horn hatte 1876 stattgefunden. Fünfzig Jahre später wollte man auf dem Schlachtfeld ein Versöhnungsfest feiern und hatte dazu aus Kanada den Enkel des indianischen Heerführers Sitting Bull eingeladen. Er sollte eine Rede halten. Er trat auch ans Rednerpult, legte ein Bündel Dollarscheine dort hin und sagte: ›Die weißen Männer, die mich hierher eingeladen haben, baten mich, einige versöhnliche Worte zu sagen. Aber damit würde ich das Andenken meines Großvaters schänden. Deshalb gebe ich das Geld zurück. Es liegt hier. Wer will, kann es sich nehmen.‹

Ja, und ich wollte Port fragen, ob er als gebildeter Amerikaner diese Rede des Sitting-Bull-Enkels kennt? Warum? Weil auch ich nicht einmal für Geld bereit wäre, gegen die DDR zu zeugen, die verdammt viele Ecken und Kanten hatte, aber sich gerade dadurch auszeichnete, dass nur wenige sich Vorteile auf Kosten anderer zu verschaffen suchten. Der Nachbar war ein Kumpel, der Kollege war ein Kumpel, selbst ein Arschloch konnte sich nicht leisten, kein Kumpel zu sein!«

Karl Mortan, Betriebszeitungsredakteur, 84.
»Ich habe das Buch gelesen. Da setzt sich ein Mann hin, wie so manch Amerikaner, der nicht einmal weiß, wo Europa liegt. Wie man ihn dazu animierte, nach Saalfeld zu kommen, ist mir völlig unklar. So hatte er nur die einzige Möglichkeit, sich in Archive hineinzustürzen, Kreispolizeiämter, Maxhüttenarchiv und so weiter und so fort und hat nun dort gelesen, was da subjektiv niedergeschrieben worden war. Mir ist klar, dass jeder der Berichteschreiber nur das aufgeschrieben hat, was er glaubte, aus seiner Sicht verantworten zu können, und was er für richtig hielt. Anderes hat er nicht aufgeschrieben, und deshalb können diese Berichte

kein wahrheitsgetreues Bild liefern, worüber die Leute geredet, was die Leute gedacht und vor allem was sie getan haben.

Ich bin als Betriebszeitungsredakteur überall hingekommen, habe auf Versammlungen gehört, was alles geredet wurde, und wenn ich dann hinterher erfuhr, was da weitervermittelt worden war, war es durchaus nicht immer das, um was es dort eigentlich gegangen war.

Die Berichte, ob sie nun von der Polizei oder von sonstwem gewesen sind, enthielten immer auch die persönliche Meinung desjenigen, der sie zu Papier gebracht hatte. Und auf der Grundlage solcher Berichte ein Volk zu analysieren, halte ich nicht nur für ein Wagnis, sondern für ein unglaubliches Risiko! Auf Grund von Protokollen und Niederschriften mitzuteilen, wie die Menschen in und um Saalfeld gelebt haben – dazu gehört viel Mut! Als ehemaliger Betriebszeitungsredakteur schreibe ich da mal: War es nicht haargenau das, was man den DDR-Journalisten heute noch vorwirft?«

Egon S.
»Irgendwer hat mir mal erzählt, dass in den USA die meisten Journalisten als Sportjournalisten beginnen, weil das eine solide Schule ist: Wer mit 20.000 Zuschauern im Stadion gesessen und ein Sportfest erlebt hat, kann sich weder auf Auskünfte noch auf seine eigene Meinung stützen, denn da waren 20.000, die das gleiche Sportfest erlebten und nicht nur wissen, wer in welcher Disziplin gewonnen hat, sondern auch mit welchem Vorsprung oder in der wievielten Minute.

Bei dieser Berichte-Sammlung von Port kam mir das öfter in den Sinn. Dieser ›erste Streik der DDR‹ war offensichtlich eine Kneipenprügelei, und so etwas findet jeden Tag in jedem Winkel der Welt statt. Oft wird die Polizei geholt, und die verspürt meist wenig Lust, viel Zeit damit zu vergeuden. Der Mut, diese Schlägerei als den ersten Streik der DDR auszugeben, begräbt in meinen Augen alle Zweifel, was den Mann veranlasste, herausfinden zu wollen, wie die DDR 40 Jahre existieren konnte, und dem in seiner Ratlosigkeit nichts anderes einfiel als Misstrauen, Argwohn, Neid, Egoismus, Hinterhältigkeit und sonstwas. Er hatte einen einzigen Vorteil gegenüber den Sportjournalisten: Nicht mal 100 hatte er als Zeugen für die Schlägerei auf dem Marktplatz.«

Gerhard Engel
»Ich bin 81 Jahre alt, habe mit 18 Jahren hier in der Maxhütte als Lehrling angefangen, nachdem ich vorher in der Landwirtschaft gearbeitet hatte. Und dann habe ich es bis 1992 in der Hütte ausgehalten, hab' Rohrleger gelernt, später in Riesa studiert, in Freiberg ein Fernstudium absolviert, ich war Leiter vom Presswerk, Abteilungsleiter, dann einige Jahre Technischer Direktor, dann Forschungsdirektor und von 1983 bis 1992 Betriebsdirektor der Maxhütte. Ich habe das Buch bisher nicht gelesen, vielleicht werde ich es noch nachholen.

Vom Bau der Wasserleitung, der Aktion ›Max braucht Wasser‹ soll nur wenig drinstehen. Das wäre schon ein Thema, das man bei einer Beschreibung Saalfelds nicht ignorieren kann. Ich war damals als Lehrling dabei und kann beeiden, die Begeisterung betrug neunzig, wenn nicht sogar 95 Prozent. Man kann mit gutem Gewissen sagen, dass niemand unter Druck geschuftet hat, sondern aus Begeisterung. Jeder war der Meinung, Wasser für die Maxhütte bringt uns voran.

Er soll in dem Buch ja auch behauptet haben, dass später viele nicht zur Arbeit kamen und damit ihre Opposition zur DDR demonstrieren wollten. Auch das ist blanker Schwachsinn. Wir waren ein metallurgischer Betrieb, und jeder Fachmann weiß, dass in der Metallurgie immer und überall ein breites Spektrum sozialer Schichten tätig war. Ja, wir hatten Arbeitsbummelanten, aber die hatten tausend persönliche Motive, aber deren Verhalten als Opposition ausgeben zu wollen, ist lächerlich. Ich gehe nicht arbeiten, um dem Staat zu schaden, das war von allen Motiven das allerletzte! Hätten wir jedem der Bummelanten mit Entlassung drohen und ihn am nächsten Tag zum Arbeitsamt schicken können, wäre ihre Zahl schnell auf Null gefallen. Dass die heutige Gesellschaft mit der Arbeitslosigkeit einen mächtigen Knüppel bei der Hand hat, scheint Port nicht wissen.«

Didi Bujack, Reporter/Redakteur beim Lokalradio
Bujack hatte auf der Lokalseite der *OTZ* mehrfach Aufrufe publizieren lassen, mit denen Zeitzeugen der Ulbricht-Ära aufgefordert wurden, sich für ein Port-Gespräch zu melden. Dazu er selbst:

»Einige dieser Zeugen, die sich damals gemeldet hatten, erwiesen sich als ungeeignet, da es sich auch um stadtbekannte Stasi-Figuren und verbohrte Betonkopfgenossen handelte. Die Arbeit, die Port in rund zweieinhalb Stunden als Befrager leistete, erwies sich als solide. Port gab mir danach ein längeres Interview, das völlig nichtssagend war. Er hat es wohl selbst gemerkt, dass er sich auf ein schmales Brett begeben hatte. […] Port ist einer dieser typischen Schreibtischwissenschaftler. Er hat eine saubere Quellenarbeit geleistet, noch dazu aus der Sicht eines Mittelwestler-Amis. Als ich ihn daraufhin ansprach, betrachtete er das als Beleidigung.

Ich habe den Rohschnitt dieses Interviews nicht mehr, ich habe nur noch die Sendevariante.

Er hat nicht begriffen, dass ich ihn damit nicht beleidigen wollte, ich habe mich dann auch bei ihm entschuldig, aber es erreichte ihn gar nicht. Er ist einfach jemand, der 'ne Recherchearbeit gemacht hat, und es ist so, als wenn wir von unserem Standpunkt aus in den USA etwas recherchieren würden, von unserem Standpunkt aus und nicht von dem derjenigen, die dort wohnen.

Die Diskussion bei der Lesung war von Anfang an aufgeladen. Neben sachlich interessierten Gästen waren – ich sagte schon – stadtbekannte Geschichtsklitterer da, Leute, die einfach sagen wollten, na ja, der Sozialismus war gar nicht so schlecht, andererseits waren aber auch Leute da, die – was ich genau so unpassend für die Veranstaltung gefunden habe – dem Erzigkeit, der die Sache moderiert hat, seine *Volkswacht*- und SED-Vergangenheit um die Ohren schlugen, was mit Port überhaupt nichts zu tun hatte. Es war 'ne bisschen verunglückte Veranstaltung.

Dementsprechend hat auch Port in dem anschließenden Interview, das ich mit ihm geführt habe, völlig ›zugemacht‹, und ich habe nur ein Drittel der Fragen für die

Eine Doktorarbeit, nichts für die Öffentlichkeit

Sendung verwerten können. Hätte ich gewusst, dass das noch mal interessant wird, hätte ich die Rohschnitte behalten. […] Wenn das jemand schreibt, der hier gelebt hat, geht der anders ran.

Port will sich sicher nicht anpissen lassen. Er hat das Buch, und das sollte man dem Mann unterstellen, in erster Linie als wissenschaftliche Arbeit herausgegeben und nicht in dem Bestreben, später mal damit das große Geld zu machen. Hätte ich ein Buch pushen wollen, hätte ich verkaufen wollen, wäre ich auf diese Konfrontation eingestiegen und hätte mir die Leute gesucht und dort eine bildzeitungsmäßige Schlammschlacht vom Haken gezogen, damit am nächsten Tag alles in die Taiga läuft und sich das Buch kauft. […] Im Prinzip könnte man sagen, dass er eine Doktorarbeit, die nicht für die Öffentlichkeit gedacht war, geschrieben hatte.«

Barbara Frischbier

»Ich habe im Zementwerk in Schichten gearbeitet. Port hat Fakten aufgeschrieben, hat eine wissenschaftliche Arbeit gemacht, hat aus schriftlichen Unterlagen was zusammengesucht. Wie wir erfahren haben, hat er kaum direkt Zeitzeugen befragt, weil sich keiner gemeldet hatte, und die sich gemeldet haben, haben ihm nicht gepasst. Er hat die Fehler und die Mängel, die wir in der DDR hatten, aufgelistet, hat in langen Kapiteln die Wismutrandale und den 17. Juni analysiert. Der Kern seiner Frage lautete: Wieso haben die den Staat nicht vorher gestürzt? Ich denke, uns hat einiges gefehlt, aber nun nicht gerade Bananen oder Apfelsinen.

Wir haben gewusst, das ist ein neuer Anfang, das gab's vorher noch nicht in Deutschland. Der Krieg war zu Ende, es war nichts da, alles musste neu aufgebaut, alles erst rangeschafft werden, und da konnte nicht alles mit einmal da sein. Und so gut wie die im Westen, die von den USA alles bekamen, hatten wir es nicht. Im Gegenteil, wir waren diejenigen, die die Reparationen bezahlt haben, also aus unserem Land ist noch Zeug rausgegangen von dem, was erarbeitet worden war.

Solidarität? Ich komme heute später nach Hause, holst du die Kinder ab? Es war selbstverständlich, dem anderen zu helfen. Wir gehörten zusammen, heute sitzt jeder für sich allein. Das hat der Mann nicht miterlebt.«

»Es gab viel Widerspruch«

Ein Lokalsender interviewte Prof. Andrew I. Port nach dem Auftritt im Museum.

Frage: Stadtmuseum – ist das für Sie eher Lust oder Frust? Nervt Sie das, oder ist das schön?

Antwort: Ich muss sagen, ich bin wirklich froh, dass so viel Leute gekommen sind. Natürlich gab's viel Widerspruch, auch viel Kritik, aber es war mir sehr wichtig, dass gerade Ostdeutsche Zugang zu diesem Buch haben. Ich habe es auf Englisch geschrieben, das wurde in Deutschland nicht so richtig zur Kenntnis genommen. Insofern – egal, was man von dem Buch hält – finde ich es richtig, dass die Leute, die sich dafür interessieren, jetzt die Möglichkeit haben, es zu lesen.

Viele Zeiss-Werker wollten nicht mit Andrew I. Port reden, weil sie meinten, »ich sei vom BND, und dass ich sie bespitzeln wollte«. Ein wenig Argwohn und Misstrauen kann nie schaden

Natürlich kann man sich über die Argumente streiten und das ist auch beabsichtigt. Das war nicht ärgerlich, das war nicht lustig, das war genau das, was ich erhofft hatte. Als ich in den 90er Jahren lange für dieses Buch recherchiert habe – ich habe 15 Archive umgegraben –, da haben sich nicht so viele Gesprächspartner gefunden. Plötzlich stehen sie zwischen Baum und Borke. Die einen werfen mir nachträglich Geschichtsklitterung vor und sind sauer über diese Solidaritätsäußerung zum Beispiel in einer der vielen Stimmen, und andere stehen auf und sagen: ›Schönen Dank, dass Sie so ein Buch geschrieben haben.‹ Ich habe mich bemüht, um in Kontakt mit den Menschen zu kommen. Da waren Berichte im *mdr*, mehrere Zeitungsartikel, wo ich immer gesagt habe, ich würde wirklich gerne mit Zeitzeugen reden. Bis auf eine oder zwei Personen haben sich keine gemeldet.

Ich habe ein ganzes Kapitel über die Problematik im Zeiss-Betrieb geschrieben, und da habe ich einfach Leute angeschrieben, und es war interessant, wie wenige mit mir reden wollten, und dann, als ich doch ein Gespräch geführt habe, es war das erste, hat der Mann mir erzählt, dass sie natürlich untereinander viele Gespräche geführt haben und meinten, ich sei vom BND, und dass ich sie bespitzeln wollte.«

Fazit

Ports Buch strotzt von Lücken, schließt aber fast ebenso viele, die bislang offiziell hierzulande zu den Tabus zählten. Sein Wert ist begrenzt, und dennoch bleibt es bemerkenswert.

Wer die der DDR gewidmete Literatur der Gegenwart kennt – die in den wenigen linken Verlagen erschienene ausgenommen –, weiß, dass sie sich auf Schlagwörter, Übertreibungen, Fiktionen, Bosheiten, Unwahrheiten und vor allem Lügen beschränkt.

Nimm die Worte »Mauerbau« oder »Menschenrechte«. Niemand fragt, warum kein Land – nicht mal die USA – in der UNO damals den Antrag stellte, die DDR wegen des Mauerbaus zu verurteilen, wohl aber der stellvertretende Außenminister der DDR, Peter Florin, 1987 und 1988 zum Präsidenten der UNO-Generalversammlung gewählt wurde.

Mithin: Nach wie vor dominieren die oberflächlichen Urteile über die DDR. Und da tauchte plötzlich ein nahezu unbefangener »Gutachter« aus den USA auf, legte die »Standardliteratur« beiseite, siedelte sich vorübergehend in Saalfeld an und sprach zum Beispiel mit dem mehr als 20 Jahre amtierenden Bürgermeister und kramte aus dessen Keller Stapel von Bürgereingaben, las die – wer die DDR kennt oder gar in ihr aufwuchs, weiß das – oft auch wenig freundlich formulierten Briefen. Niemand fürchtete seinerzeit, deswegen belangt zu werden – fand der Professor aus Detroit heraus.

Aus diesen und anderen bislang nie publizierten Erkenntnissen bastelte sich der Mann aus dem »Mittelwesten« der USA eine Weisheit, die erklären sollte, wie sich dieses Land vierzig Jahre lang behaupten konnte. Nein, nicht nur behaupten, sondern sogar den mächtigen Nachbarn zuweilen in Schach halten konnte. Niemand leugnet die Feststellung eines bundesdeutschen DGB-Funktionärs, der nach dem Ende der DDR und ihrer Gewerkschaft bekannte: »Ihr werdet uns fehlen, denn vierzig Jahre habt ihr bei all unseren Tarifverhandlungen mit am Tisch gesessen!« Die Gegenwart bestätigt das täglich.

Port war von der anderen Seite der Barriere gekommen, stieß diesseits der Barriere auf zahllose Positiva, die er sich nicht erklären konnte, und musste daran scheitern, die Negativa umzuwerten.

So hinterließ er uns ein Buch, das mich an jene Nacht vor fast siebzig Jahren auf dem Schuldach in Saalfeld erinnerte.

»Gaudeamus igitur« – »Deshalb lasst uns fröhlich sein!«

Denn wir haben etwas geleistet, über das man noch lange – in aller Welt – grübeln, reden, schimpfen und jubeln wird!

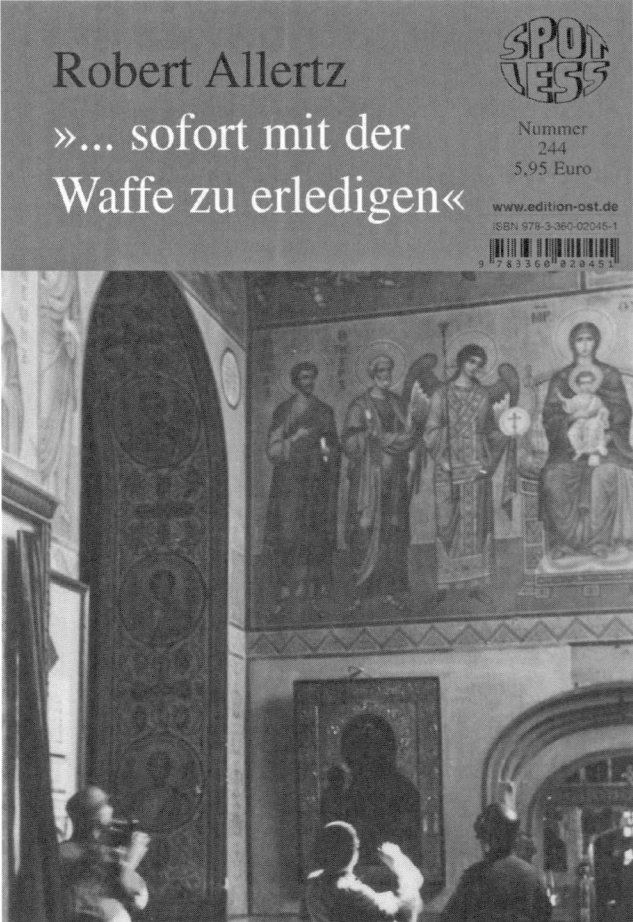

Robert Allertz
»... sofort mit der Waffe zu erledigen«

Nummer 244
5,95 Euro

www.edition-ost.de
ISBN 978-3-360-02045-1

Vor 70 Jahren, Wochen vor dem Überfall auf die Sowjetunion am 21. Juni 1941, erließ die Nazi-Clique den »Kommissarbefehl«. **spotless** *publizierte unbekannte Fakten des Weltanschauungskrieges*

Wolfgang Richter
Wer steckte hinter dem Anschlag?

Nummer 245
5,95 Euro

www.edition-ost.de
ISBN 978-3-360-02051-2

Am 9. September 2001 rasten Flugzeuge in die New Yorker Twin Towers und der US-Präsident erklärte »dem Terror« den Krieg. **spotless** *untersucht Ursachen und Konsequenzen des verbrecherischen Vorgangs*

Wer **SPOTLESS** monatlich liest
spart jetzt bis zu 40,-€!

Sie sparen mehr als 10,- Euro + Versandkosten bzw. erhalten **2 Ausgaben GRATIS!**

Jetzt direkt und bequem anfordern!

10,- Euro
+ Versand sparen!

12 Ausgaben .... statt € **71.**⁴⁰

nur € **59.**⁵⁰

Nutzen Sie jetzt Ihren Sparvorteil:

01805 / 30 99 99
(0,14 €/Min., Mobil abweichend)